# Reckless Life
# GUNS N' ROSES

Una novela gráfica

JIM McCARTHY
MARC OLIVENT



La NoVELA GRáFICA DEL ROCK

MA NON TROPPO

14–15 Berners Street
London, W1T 3LJ
Primera edición publicada por Omnibus Press en 2015.
La traducción de esta edición ha sido acordada con el consentimiento de Omnibus Press a través de Robert Lecker Agency.
www.omnibuspress.com

Texto de Jim McCarthy
Dibujo de cubierta: Marc Olivent
Ilustraciones interiores: Marc Olivent


Traducción: Laura Roso Batiste
Maquetación: Grafime

ISBN: 978-84-947917-9-6
Depósito legal: B-12.601-2018
Impreso por Sagrafic, Pasaje Carsi, 6 08025 Barcelona
Impreso en España - *Printed in Spain*

# Reckless Life
# GUNS N' ROSES

## Una novela gráfica

JIM McCARTHY
MARC OLIVENT

TRADUCCIÓN DE LAURA ROSO BATISTE

Redbook

# Introducción

Escribo esta introducción en 2015, que resulta que es justo 30 años después desde que Guns N'Roses se formaran en Los Angeles, 28 desde que sacaran el posiblemente mejor disco de rock de los ochenta y 18 desde que se volvieran, a todos los efectos, un cantante con sus empleados. Pero no importa si lees esto en 2020, o 2050, o (asumiendo que la III Guerra Mundial no nos ha "hecho un Axl") incluso más lejos en el futuro: el hecho continúa y siempre va a continuar, que por un fugazmente breve período de tiempo Guns N'Roses hicieron música increíblemente apasionante, definiendo a una generación al hacerlo.

En *Guns N'Roses* Jim McCarthy y Marc Olivent demuestran exactamente qué fue que dio a Axl, Slash, Izzy, Duff y Steven (y sus sustitutos) tal fuerza vital antes de que demasiada fama y demasiados problemas psicológicos los separaran. Hay una razón por la que artistas tan dispares como Sheryl Crow y los Manic Street Preachers continúan alabando las cualidades de un grupo cuyas raíces y estilo musical están tan alejados de los suyos propios: porque los orígenes tortuosos de los músicos y sus múltiples influencias fueron canalizados brillantemente en una música unánimemente fascinante.

Al principio, en todo caso.

Una de las razones por las que *Guns N'Roses* funciona tan bien es porque nos muestra, en una implacable monocromía, como GNR florecieron tan espectacularmente y cayeron tan rápido. Es el clásico arco que a los biógrafos nos encanta porque da a nuestros libros forma y finalidad, aunque pocos grupos volaron tan cerca del sol o se estrellaron de forma tan devastadora como este.

(Todo esto asumiendo que consideras a los actuales Guns N'Roses como una entidad fracasada: el querido viejo Axl continúa encabezando titulares con su banda de hombres felices y canciones horribles que salieron en el disco *Chinese Democracy,* y encima cobrando bien por ello.)

¿Por qué hablamos tanto de Axl, el cantante impredecible? Lee las páginas de introducción de este libro. Su origen en Lafayette, Indiana, fue realmente miserable desde el principio, empezando con la agobiante confusión sobre cuál era su nombre realmente. ¿Qué daño le hace a un niño, especialmente si le añades dosis liberales de enfermedades sociales, violencia doméstica y dogma religioso? En este caso concreto, lo llena de ansia por salir de allí por patas, cambiarse de ciudad, cambiarse de nombre y, durante una década o más, pasar a ser la voz más efervescente del hard rock.

Pero no estamos pasando por alto la influencia de otros intérpretes en esta loca etapa. También miramos atentamente a Slash, Saul Hudson cuando nació en Stoke-on-Trent, de muchas formas el polo opuesto al ambiente de Hollywood, donde los primeros GNR se unieron; Izzy Stradlin, amigo de la infancia de Axl; Duff McKagan, el punk de Seattle cuya clara visión lo llevó a transformarse en un glam-metallero de Los Angeles; y Steven Adler, quien metió a Slash a tocar la guitarra y - de entre todas estas almas perdidas - adoptó con más fuerza el estilo de vida del rock'n'roll, pagando un precio por sus decisiones. Juntos, el quinteto fatal sacó *Appetite For Destruction*, el disco por excelencia del "metal de LA", lanzado en 1987, el año al que más tarde Slash llamó "el año más ochentero de los ochenta".

Probablemente conoces *Appetite* bastante bien, y si estás leyendo esto pero no lo has escuchado en un tiempo, vete a escucharlo de nuevo. La absoluta, pasmosa confianza - no, arrogancia - del disco es aún todavía difícil de captar. Claro, el pegajoso hedor de Aerosmith y los New York Dolls está en todas las melodías, pero esas voces, arreglos y solos son de GNR y solo de GNR. Es su obra maestra.

Avanzamos unos años y estamos en la era de *Use Your Illusion.* Ha tenido lugar una enorme transformación, los antiguos niños de la calle han evolucionado en una enorme entidad corporativa. A todas luces, cuando Guns N'Roses compartieron cabeza de cartel en una de las mayores giras con Metallica en 1992, llegaron a su cima: nada que ellos o ninguna otra banda pueda hacer hoy día - en estos tiempos de falta de liquidez de la industria musical - va a superarlo. Y, aún así, esa gira estuvo llena de negatividad, con Axl haciendo que el público esperara horas antes de aparecer (Metallica salía inteligentemente al escenario primero) y los teloneros Faith No More que hacían de la gira algo así como un mal trabajo.

Los miembros llegaron y se fueron, también. Roddy Buttom, teclista de Faith No More, dijo una vez: "Cada vez estoy más confundido con quién hay en Guns N'Roses. Está Dizzy y Iggy y Lizzy y Tizzy y Gilbey y Giddy... joder tío, en el escenario ahora hay una sección de viento, dos tías haciendo los coros, dos teclistas, un piloto de avión, un entrenador de baloncesto, un par de mecánicos de coches..."

Todo esto resume bastante bien la caída en desgracia de Guns N'Roses. Habiendo perdido el foco, forzados cada vez más a ceder a las peticiones de Axl y conscientes de que su música era menos atrayente que en los actualizados últimos noventa, los músicos originales se escabulleron, dejando al grupo más o menos en suspense por una década mientras el cantante decidía qué hacer a continuación. En el 2000, Guns N'Roses eran solo Axl, como muestra este libro, hasta su aparición en el programa de entrevistas de Jimmy Kimmel en la ABC.

¿Qué nos queda? Parte de la música más visceral de una generación, y la representación clara y penetrante de dónde fue todo bien y dónde fue todo mal. En este libro puedes llegar a verlo todo de la mano del afilado lápiz de un artista, lleno de citas directas de los artistas mismos. Las subidas y bajadas de esos días vertiginosos de finales de los ochenta y principios de los noventa no van a volver, ni para Guns N'Roses ni para ninguno de nosotros, pero este libro te dará un vivo retrato de estos talentosos y condenados músicos que será lo más cercano que vas a estar de presenciarlo realmente.

Joel McIver, 2015
www.joelmciver.co.uk

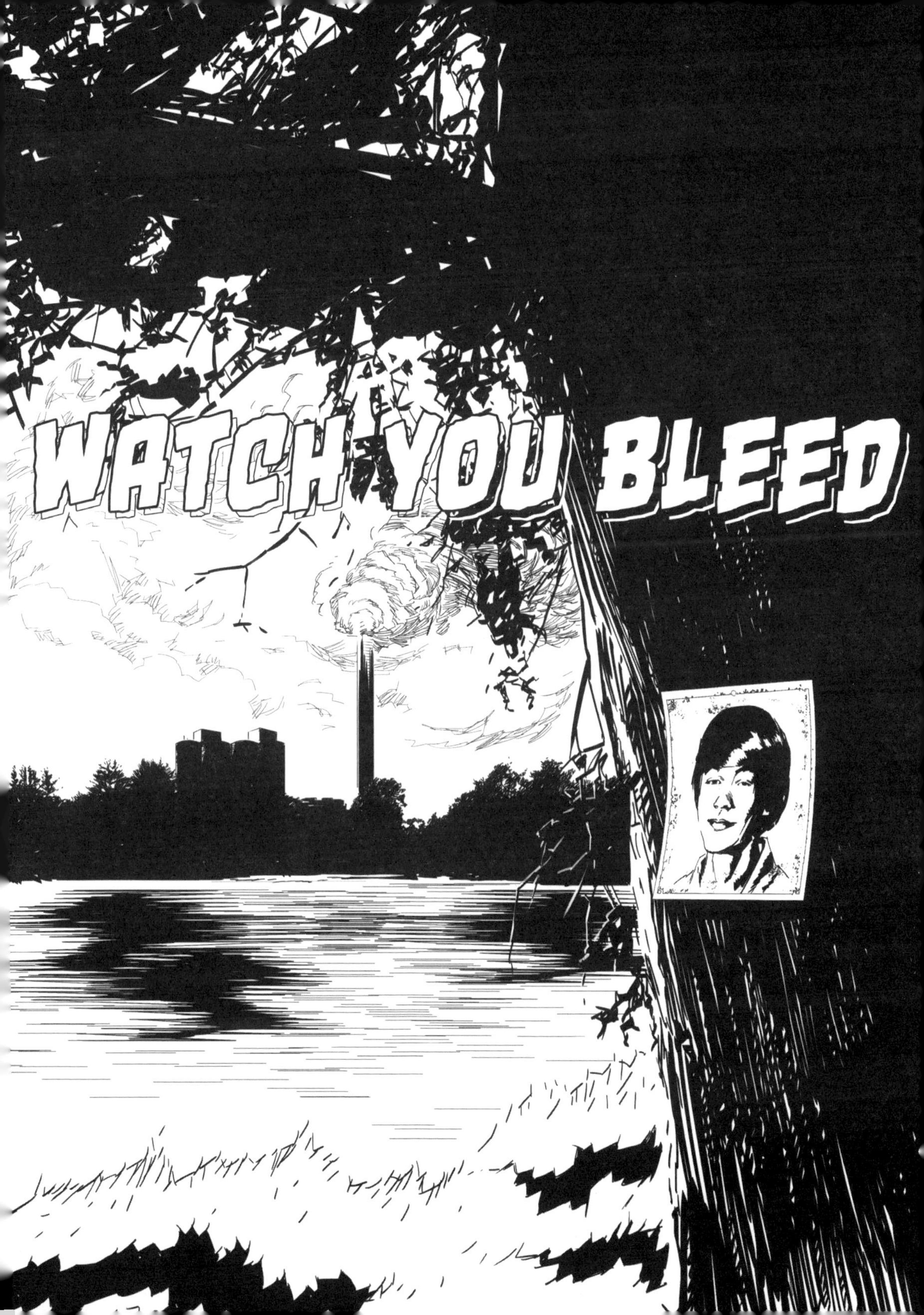
WATCH YOU BLEED

LAFAYETTE, INDIANA, MEDIO OESTE DE ESTADOS UNIDOS.
LA CIUDAD SE HIZO RICA CON, ENTRE OTRAS INDUSTRIAS, UNA SUBSTANCIA COMO EL AZÚCAR, LLAMADA SIROPE DE MAÍZ ALTO EN FRUCTOSA.
EL OLOR DEL SIROPE EMPALAGABA, Y SE PEGABA, Y SE QUEDABA CONTIGO... DEJANDO HUELLA EN TU ROPA Y TU PELO Y EN TODO...

WHAT'S MI NAME?
WHAT IS MY NAME?
WHASS MY NAME?
WHO AM I?
WHAT IS MY NAME?
HAT'S MI REAL NAME
WHO THE F... AM I

ENTONCES, ¿SOY BILL BAILEY?
... ¿O SOY WILLIAM BRUCE BAILEY?
... ¿O, EN VERDAD, INCLUSO WILLIAM BILL BAILEY?

... QUIZÁ SÓLO SERÉ AXL...
¿UNA ROSA CON OTRO NOMBRE?
SI TU NOMBRE ES COMO TU MARCA, ENTONCES SOY UN TIPO DE MARCA MUY CONFUSA...
PORQUE, ¿QUÉ NOMBRE SE SUPONE QUE TENGO?
... GRANDES IDEAS EN UN PUEBLO MUY PEQUEÑO...

RELIGIOSIDAD OBRERA...
RELIGIOSIDAD CONDENADA, HECHA Y TERMINADA Y QUE VOLVIÓ LOCO A UN POBRE CHICO...
EN VEZ DE AMOR, TUVIMOS LA RELIGIÓN...
... UNA RECETA PARA UN DESASTRE EMOCIONAL, MENTAL Y ESPIRITUAL...

¿MENCIONÉ LA RELIGIOSIDAD OBRERA?
SOY UN CHICO DE LA IGLESIA PENTECOSTAL... ME CRIARON MUY PENTECOSTAL... PERO ESTO NO ES COMO EL PRIMER DÍA DEL PENTECOSTÉS. ESTO ES MÁS TIPO NORMAS Y REGLAMENTOS Y CONFORMARSE Y RELIGIÓN ESTRICTA CON NADA DE AMOR, TÍO.
COLOSENSES 3:19, NIV... MARIDOS, AMEN A SUS MUJERES Y NO SEAN DUROS CON ELLAS...
MIRANDO A LOS LLAMADOS ADULTOS RELIGIOSOS A MI ALREDEDOR, SU FORMA DE COMPORTARSE Y SU FORMA DE SER...
... CON PAPÁ DE REPENTE YÉNDOSE DE CASA... YA SABES, ASÍ TAL CUAL...
Y ASÍ FUE. SE LEVANTÓ Y SE FUE
EN VEZ DEL ESPÍRITU SANTO, NOSOTROS TENÍAMOS LAS NORMAS Y LAS REGULACIONES HECHAS POR EL HOMBRE...
TENÍAMOS LA CAMISA DE FUERZA Y NO LA LIBERTAD...
... TODO ESTO SEGURO QUE FUNCIONÓ MUY BIEN CONMIGO...
The Bible

... EN EL CENTRO DE MI VIDA YA... SOLO CONFUSIÓN...
SOY UN JOVEN PELIRROJO, IMPREDECIBLE SINVERGÜENZA Y PROPENSO A EXPLOTAR EN CUALQUIER MOMENTO.
PENSABA QUE MI IGLESIA ESTABA LLENA DE HIPÓCRITAS...
GENTE HABLANDO DE DIOS PERO ABUSANDO DE LOS JÓVENES Y DÉBILES...
¿DÓNDE ESTABA ÉL CUANDO REALMENTE LO NECESITABA?
PUEDO SENTIR COMO CRECE LA RABIA DENTRO DE MÍ...
IRRITÁNDOME POR DENTRO...
CON LO DE TENER UN GRUPO EMPECÉ PRONTO, Y UN GRUPO SE LLAMABA AXL.
SUPONGO QUE PUEDES VER LA CONEXIÓN DIRECTAMENTE, ¿NO?

LA TELE DE NUESTRO SALÓN ERA EL MALDITO DEMONIO EN PERSONA.
ERA LA FIERA AGAZAPADA EN LA ESQUINA, LANZANDO FORMAS RARAS Y LUZ EXTRAÑA...
...ES COMO SI SATÁN HUBIERA LLEGADO Y ENTRADO EN CASA... POR LO MENOS POR UN BUEN RATO... DE VUELTA A ALGUNO DE SUS PROPIOS INFIERNOS... COMO MI CASA, EN VERDAD... UNA VERSIÓN DEL INFIERNO.. UNA QUE HIZO SOLO PARA NOSOTROS...

YO NACÍ AQUÍ EL 6 DE FEBRERO DE 1962.
MI "VERDADERO" PADRE ERA UN DELINCUENTE Y ERA MUY DELINCUENTE EN SUS OBLIGACIONES...
COMO YA DIJE, SIMPLEMENTE SE LEVANTÓ Y SE FUE...
SE FUE Y NOS DEJÓ PARA SIEMPRE. SE LLAMABA WILLIAM BRUCE ROSE Y EN TEORÍA ERA MI "AUTÉNTICO" PADRE...
ÉL ERA MI PADRE DE SANGRE...
MI MADRE SE LLAMABA SHARON LINTNER. NO ERA MUY BUENA ALEJÁNDOSE DE POSIBLES PAREJAS... DESPUÉS DE QUE MI PADRE, POR ASÍ DECIRLO, WILLIAM ROSE SE FUERA Y LO JODIERA TODO, ELLA SE COLGÓ DE UN TÍO LLAMADO STEPHEN BAILEY. HABLANDO DE CONFUSIÓN... MUCHA CONFUSIÓN... MI NOMBRE CAMBIÓ A WILLIAM BRUCE BAILEY...
TENÍAMOS TELE UNA SEMANA Y DESPUÉS MI PADRASTRO LA TIRABA POR LA VENTANA PORQUE ERA SATÁNICA.
NO ME ESTABA PERMITIDO NI ESCUCHAR MÚSICA.
LAS MUJERES ERA EL MAL... TODO ERA EL MAL...
ME SENTÍA EL MAL...
MAL, MAL, MAL HASTA EL CENTRO MÁS RECÓNDITO
AHORA MI PADRASTRO ESTABA ALLÍ, DESPUÉS DE MI "VERDADERO" PADRE, O, POR LO MENOS ESTUVO ALLÍ POR UN TIEMPO... Y TIRÓ LA... TELE POR LA PUERTA...
519
SUPONGO QUE ESO PUSO FIN AL MAL, O POR LO MENOS POR UN RATO...

LEVÍTICO 18:6, NIV... NADIE SE ACERCARÁ A NINGÚN PARIENTE CERCANO PARA TENER RELACIONES SEXUALES...
MI IGLESIA EN PARTICULAR ESTABA LLENA DE MOJIGATOS HIPÓCRITAS... TERGIVERSANDO EL MENSAJE Y DISTORSIONANDO LA VERDAD...
ESTA ERA LA GENTE A LA QUE HABÍAN HECHO DAÑO EN SU INFANCIA Y EN SUS VIDAS, LA GENTE QUE ENCONTRABA A DIOS PERO AÚN VIVÍAN SU PROPIO DAÑO Y LO INFLIGÍAN A SUS HIJOS...
TENÍA QUE IR A LA IGLESIA DE TRES A *OCHO* VECES POR SEMANA. ME ENSEÑARON LA BIBLIA EN LA ESCUELA MIENTRAS ME PEGABAN A MÍ Y ACOSABAN SEXUALMENTE A MI HERMANA...
YO TENÍA UNA VISIÓN MUY DISTORSIONADA DE LA SEXUALIDAD Y LAS MUJERES. RECUERDO LA PRIMERA VEZ QUE ME PEGARON UNA BOFETADA POR MIRAR A UNA MUJER EN LA TELE...

FORMABA PARTE DE "THE BAILEY TRIO" CON MI HERMANA Y MI HERMANASTRO STUART, Y CANTÁBAMOS GOSPEL EN LA IGLESIA... PARECÍA QUE ESTÁBAMOS ALLÍ HASTA OCHO DÍAS A LA SEMANA.
... LET SHADOWS COME, LET SHADOWS GO... LET LIFE BE BRIGHT, OR DARK WITH WOE, I AM CONTENT, FOR THIS I KNOW... THOU THINKEST, LORD, OF ME...
ESTUDIÉ PIANO Y LLEGABA A NOTAS TAN ALTAS QUE MI PROFE DE MÚSICA NI ENTENDÍA.
PRACTICÁBAMOS DETRÁS DE LA BIBLIOTECA Y PULÍAMOS NUESTRAS HABILIDADES VOCALES...
... Y SIEMPRE EL SONIDO DE FONDO, LAS DISCUSIONES CONTINUAS... PAPÁ Y MAMÁ ESTABAN SIEMPRE DISCUTIENDO. ELLA SE VOLVIÓ UN MANOJO DE NERVIOS...

AÑOS MÁS TARDE EN 1988. ESTAMOS EN EL RITZ, LOS ANGELES...
HACE CINCO O SEIS AÑOS VINE HACIENDO AUTOSTOP Y ACABÉ ATRAPADO EN ESTE SITIO. TREPÉ POR LA RAMPA DE LA AUTOPISTA Y ESTE NEGRO APARECIÓ CON DIEZ PAVOS ENTRE MI AMIGO Y YO... Y NOS CHILLÓ...
MAN!! DO YOU KNOW WHERE YOU ARE?
YOU IN THE JUNGLE BABEE...
AND YOU GONNA DIEEEE...
LIVE
ME PREGUNTO, SI PUDIÉRAMOS VER EL FUTURO, ¿QUÉ HARÍAMOS EN REALIDAD? ¿LO COGERÍAMOS O HUIRÍAMOS DE ÉL COMO LOCOS?

...SO WELCOME TO THE JUNGLE...

… ¡PERO AÚN NO HABÍA LLEGADO TAN LEJOS! ESTABA RODEADO DE GENTE DE LOS OCASOS ANCESTRALES… DE UN SITIO DEMONIZADO Y NO DIVINO… Y ME INFECTÉ MUY RÁPIDO.
RELIGION PLUS
EL RÍO WABASH, QUE FLUÍA POR LAFAYETTE, ME CONFORTABA DE ALGUNA MANERA YA QUE SEGUÍA SU CAMINO DE INDIANA A ILLINOIS.
LUCHÉ… PERO NO PODÍA GANAR… ERA DEMASIADO FUERTE…
UN NIÑO NO SABE… NO HABÍA SUFICIENTE AYUDA PARA MI HERMANO, MI HERMANA Y YO.
TOXIC PARENTS
¿ESTABA EL RÍO WABASH HABLÁNDOME, LLORANDO DESDE SITIOS ANCESTRALES?
EQUALS SHAME

MATEO 18:16-6... EN AQUEL TIEMPO LOS DISCÍPULOS SE ACERCARON A JESÚS Y LE DIJERON: "¿QUIÉN ES EL MAYOR EN EL REINO DE LOS CIELOS?" LLAMANDO JESÚS A UN NIÑO, LO PUSO EN MEDIO DE ELLOS Y DIJO: "EN VERDAD OS DIGO QUE SI NO OS HACÉIS COMO NIÑOS, NO ENTRARÉIS EN EL REINO DE LOS CIELOS. ASÍ QUE CUALQUIERA QUE SE HUMILLE COMO ESTE NIÑO, ESE ES EL MAYOR EN EL REINO DE LOS CIELOS...
CUALQUIERA QUE RECIBA EN MI NOMBRE A UN NIÑO COMO ESTE, A MÍ ME RECIBE. PERO CUALQUIERA QUE HAGA PECAR A ALGUNO DE ESTOS PEQUEÑOS QUE CREEN EN MÍ, SERÍA MEJOR QUE SE COLGARA AL CUELLO UNA PIEDRA DE MOLINO Y SE HUNDIERA EN EL FONDO DEL MAR...
AVANCEMOS UN POCO DE NUEVO, ¿SÍ?
ME ESTÁN HACIENDO O QUIZÁ DEBERÍA DECIR ESTOY AQUÍ EMPRENDIENDO UNA REGRESIÓN AL PASADO...
DESDE QUE TENÍA DIECISIETE AÑOS Y SUPE SOBRE MI PADRE "BIOLÓGICO" QUE HE TENIDO ESTA ESPINITA CLAVADA... COMO UN DEMONIO ARAÑÁNDOME POR DENTRO.
ESTOY AHONDANDO EN LA MIERDA DE MI SUBCONSCIENTE... ¿O ES MI CONSCIENCIA? DESPUÉS DE DESCUBRIR A LOS DIECISIETE SOBRE MI VERDADERO PADRE Y SUS ABUSOS... FUE ENTONCES CUANDO ME CAMBIÉ EL NOMBRE A W. ROSE.
ENTONCES ME LO CAMBIÉ A AXL ROSE COMPLETAMENTE, CUATRO AÑOS DESPUÉS... Y NO MUCHO TIEMPO DESPUÉS ESTABA EN EL GRUPO **AXL**...
MI PADRASTRO ERA EL SIGUIENTE EN EL PUNTO DE MIRA... CON MÁS ABUSOS A MÍ Y A MIS HERMANOS... COMO SI TODOS ESTUVIÉRAMOS HACIENDO COLA...

¿NO VES QUE TODO LO QUE ENTRA POR LA BOCA SIGUE AL ESTÓMAGO Y LUEGO SALE DEL CUERPO? PERO LAS COSAS QUE SALEN DE LA BOCA DE UNA PERSONA VIENEN DEL CORAZÓN, Y ESTAS LO CORROMPEN...
DEL CORAZÓN SALEN LOS MALOS PENSAMIENTOS, EL ASESINATO, EL ADULTERIO, LA INMORALIDAD SEXUAL, EL ROBO, EL FALSO TESTIMONIO, LA CALUMNIA. ESTO ES LO QUE CORROMPE A UNA PERSONA. MATEO: 17-20
¿BEBÍ DE LA COPA DE LA IRA?
SIENTO QUE ME AHOGO AQUÍ...
TENGO QUE IRME... SALIR DE AQUÍ PRONTO ANTES DE QUE SEA DEMASIADO TARDE... ME AHOGO EN LAFAYETTE...

OTRO CHICO CON MUCHA ACTITUD PASABA EL RATO POR LAFAYETTE...
LUCÍA UNA ACTITUD Y UNA FIJACIÓN POR KEITH RICHARDS Y TENÍA EL LOOK COMPLETO.
ME LLAMO IZZY STRADLIN, O ASÍ ES COMO ME LLAMAN... QUIZÁ DEBERÍA DECIR MI NOMBRE REAL UN POCO MÁS TARDE...
FUE GUAY CRECER EN LAFAYETTE. HAY UN JUZGADO, UNA UNIVERSIDAD, UN RÍO Y ALGUNAS VÍAS DE TREN...
ES ES UN PUEBLO PEQUEÑO. NO HABÍA MUCHO QUE HACER. MONTÁBAMOS EN BICI, FUMÁBAMOS PORROS, NOS METÍAMOS EN PROBLEMAS... ERA MUY ROLLO BEAVIS AND BUTT-HEAD EN REALIDAD.
ES CURIOSO COMO CINCO TÍOS TAN DISPARES DE DIFERENTES PUEBLOS O CIUDADES ACABARON JUNTOS Y MARCANDO LA DIFERENCIA DE LA HISTORIA DE LA MÚSICA.
TODO LO QUE HICIMOS FUE ARRIESGARNOS... ARRIESGARNOS MUCHO... ¿CÓMO PODÍAMOS HABERLO SABIDO?
WILLIAM BAILEY Y YO ÉRAMOS LOS TÍOS DEL PELO LARGO EN EL INSTITUTO...
LA GENTE ERA O DEPORTISTA O FUMETA. NOSOTROS NO ÉRAMOS DEPORTISTAS, ASÍ QUE ACABAMOS JUNTOS.
TOCÁBAMOS VERSIONES EN EL GARAJE... NO HABÍA LOCALES DONDE TOCAR. ASÍ QUE NUNCA SALIMOS DEL GARAJE...
GRANDES IDEAS EN UN PUEBLO MUY PEQUEÑO... AHORA ESAS GRANDES IDEAS SALÍAN DE DOS SOÑADORES JUNTOS... CON IDEAS INCLUSO MÁS GRANDES...
ENTONCES LO CONOCÍA COMO WILLIAM BRUCE BAILEY... MÁS TARDE SE CONVIRTIÓ EN EL AXL ROSE QUE CONOCEMOS AHORA...
PRESCRIPTIONS
DRUGS

MI NOMBRE "REAL" ERA JEFFREY DEAN ISBELL...
NACÍ EN 1962 Y TUVE MI PRIMERA BATERÍA A LOS CATORCE AÑOS. ME ROBARON LA BATERÍA Y EL COCHE, Y TOQUÉ EL BAJO BREVEMENTE...
DESPUÉS SUPE QUE LA GUITARRA ERA MI FORMA DE ESCRIBIR CANCIONES E INTENTAR HACER ALGO DE PASTA.
AXL Y YO TOCÁBAMOS VERSIONES EN EL GARAJE. AXL ERA MUY TÍMIDO PARA CANTAR ENTONCES, PERO SIEMPRE SUPE QUE ÉL ERA UN CANTANTE. TENÍA POTENCIAL PARA SER UN GRAN VOCALISTA.
AXL SE QUEDÓ ATRÁS CUANDO ME ESCAPÉ DE LOS LÍMITES DE LA CIUDAD DE LAFAYETTE... COGÍ LA AUTOPISTA 10 Y CONDUJE HASTA LOS ANGELES Y HOLLYWOOD.
... PASANDO POR CIUDADES COMO SAN ANTONIO, TUCSON Y PHOENIX... UNAS BUENAS VEINTISÉIS HORAS CONDUCIENDO, SI PENSABAS QUE PODÍAS HACERLO SEGUIDO. ESAS LUCES YA ME LLAMABAN LA ATENCIÓN...
MIENTRAS, EN EL GARAJE...
MI CHICA GINA SILER Y YO HEMOS DISCUTIDO Y NOS HEMOS PELEADO Y NOS HEMOS COMPROMETIDO NUEVE VECES.
NUNCA LLEGAMOS AL ALTAR, PERO SÍ LLEGAMOS A LOS ANGELES... PERO ESO FUE MÁS TARDE...

ME LLAMO SAUL HUDSON Y NACÍ EN HAMPSTEAD, LONDRES, EL 23 DE JULIO DE 1965, PERO CRECÍ EN STOKE-ON-TRENT EN INGLATERRA. ¡UF! ¡QUÉ SITIO!
LOS BEATLES ESTABAN CON *RUBBER SOUL* Y MI MADRE Y MI PADRE ESTABAN EN EL NEGOCIO DE LA MÚSICA A LO GRANDE. ÉRAMOS, EN ESE SENTIDO, REALMENTE RICOS..
CRECER EN STOKE-ON-TRENT FUE GENIAL. ERA UN AMBIENTE COMPLETAMENTE DIFERENTE, CON UNA MORAL DISTINTA...
EN ESTA PARTE DE INGLATERRA, ALGUNAS COSAS SE VALORABAN MÁS...
EL, PUEBLO ESTABA CUBIERTO DE HUMO DE LOS HORNOS DE BOTELLAS. LAS ALFARERÍAS Y LOS HORNOS ESTABAN GRABADOS EN MI JOVEN MENTE.
TODO ES MÁS DURO ALLÍ. LA ESCUELA ES DIFERENTE... ME PELEÉ MUCHO CUANDO ERA MUY JOVEN, PERO SOY BASTANTE TRANQUILO AHORA.
COMO LAFAYETTE, EL HUMO Y LOS GASES IMPREGNABAN EL AIRE, LO PENETRABAN TODO... ERA NUESTRA VERSIÓN DE LA NIEBLA DE LONDRES, LLENANDO MIS PULMONES Y TODO LO DEMÁS...
MI MADRE ERA AFROAMERICANA Y MI PADRE BLANCO.
LOS MATRIMONIOS INTERRACIALES NO ERAN MUY HABITUALES ENTONCES... NI TAMPOCO ERA HABITUAL SU INAGOTABLE E INSPIRADORA CREATIVIDAD. ESO SE ME CONTAGIÓ A LO GRANDE...
... COF, COOOOF, ¡¡COF!!...

LA MÚSICA ME RODEABA... MI MADRE DISEÑABA ROPA Y MATERIAL ESCÉNICO PARA DAVID BOWIE, JOHN LENNON, LINDA RONSTADT Y MUCHOS OTROS.
ERA MUY EMOCIONANTE ESTAR EN ESE AMBIENTE, EN ESE ROLLO...
SYLVESTER, EL CANTANTE GAY DE SOUL DE SAN FRANCISCO, ME DIO UNA RATA COMO MASCOTA.
LA LLAMÉ MICKEY. ERA MICKEY RATA Y POR SUPUESTO NO MICKEY MOUSE.
MI PADRE Y YO FUIMOS A LONDRES UN MONTÓN.
NOS QUEDÁBAMOS CERCA DE PORTOBELLO Y SALÍAMOS POR AHÍ.
PAPÁ ERA *BEATNIK*, ERA REALMENTE UN ESPÍRITU LIBRE.
ENTONCES FUE EL MOMENTO PARA PAPÁ Y PARA MÍ DE MUDARNOS A LOS ÁNGELES Y REUNIRNOS CON MAMÁ DE NUEVO.
EL MOMENTO DE ESCAPAR DEL HUMO...

ME IMPACTARON MUCHO ALGUNAS COSAS RARAS DE ADULTO QUE PASARON CUANDO ERA UN NIÑO.
MI MADRE EMPEZÓ A TRABAJAR CON DAVID BOWIE. ESTOY BASTANTE SEGURO QUE EMPEZÓ ASÍ Y LUEGO SE CONVIRTIÓ EN UNA ESPECIE DE ROMANCE MISTERIOSO QUE DURÓ UN POCO. BOWIE SIEMPRE ESTABA PRESENTE Y SIEMPRE ESTABAN JUNTOS...
¡SHHHHH! LOS PILLÉ DESNUDOS UNA VEZ. ESTABAN PASANDO MUCHAS COSAS, PERO MI PERSPECTIVA CON DIEZ AÑOS ERA LIMITADA... SI MIRO ATRÁS, AHORA SÉ EXACTAMENTE QUÉ ESTABA PASANDO.
LOS ANGELES, CALIFORNIA.
LAS COSAS CAMBIARON MUY RÁPIDO. MAMÁ Y PAPÁ SE SEPARARON Y DESPUÉS SE DIVORCIARON. ME DESCARRILÉ POR AQUEL ENTONCES... BEBÍA, ME DROGABA Y LA LIABA...
ME QUEDÉ CON MI ABUELA, YA QUE MI MADRE ESTABA FUERA A MENUDO POR TRABAJO PARA MANTENERNOS...
ENTRÉ EN LA EDUCACIÓN PRIMARIA, LUEGO PASÉ AL INSTITUTO BANCROFT JUNIOR. TENÍA CATORCE AÑOS Y AÚN NO HABÍA CONECTADO CON LA GUITARRA, PERO ESO IBA A PASAR PRONTO...
AÚN PASABA EL RATO EN LA ESCUELA PRIMARIA PORQUE TENÍAN ESTOS BANCOS *HALF-PIPE* - ME GUSTABA EL *FREESTYLE* EN BICI - Y HABÍA UN CHICO QUE SE CAYÓ DEL MONOPATÍN... PENSABA QUE SE HABÍA MATADO. FUI A VER SI ESTABA BIEN Y EMPEZAMOS A QUEDAR DESPUÉS DE ESO.
SE LLAMABA STEVEN 'POPCORN' ADLER E IBA A SER MUY IMPORTANTE EN MI VIDA MÁS ADELANTE.

ME ENCANTABAN LOS MONOPATINES Y ERA UN LOCO DE LAS BICIS… ESA FUE MI OBSESIÓN POR UN TIEMPO…
ME ENCANTABAN LAS BICIS DE MOTOCROSS Y LAS BMX… PERO STEVIE POPCORN TAMPOCO ERA DE LOS QUE SEGUÍAN EL CAMINO MARCADO, ESTÁ CLARO…
MI COLEGA POPCORN Y YO QUEDÁBAMOS Y ME DIO POR ROBAR ALGUNAS COSAS.
O SEA, QUE ME VOLVÍ UN AUTÉNTICO CLEPTÓMANO…
STEVE TENÍA UNA GUITARRA EN CASA DE SU ABUELA EN HOLLYWOOD, DONDE SE QUEDABA…
PRONTO IBA A APUNTARME A DOCE HORAS AL DÍA EN LOS TRASTES…
ME PUSE EN SERIO A ENCONTRAR MI SITIO…

STEVE SOLÍA TOCAR CANCIONES DE KISS... EN VERDAD NO PODÍA TOCAR NADA, PERO LE MOLABA... Y A MÍ TAMBIÉN, MIRARLO...
LA RAZÓN POR LA QUE ESTÁBAMOS EN CASA DE MI ABUELA ES QUE ME ECHARON SIN MIRAMIENTOS DE CASA CUANDO TENÍA TRECE AÑOS. MIS PADRES ERAN DE CLEVELAND, OHIO, Y ALLÍ NACÍ EL 22 DE ENERO DE 1965...
CRECÍ EN SAN FERNANDO VALLEY HASTA QUE, A LOS TRECE AÑOS, ME MANDARON A VIVIR CON MIS ABUELOS EN HOLLYWOOD DEBIDO A MI MAL COMPORTAMIENTO.
DESPUÉS DE NOVENO GRADO VOLVÍ A CASA DE MIS PADRES EN VALLEY PARA LO QUE QUEDABA DE INSTITUTO. ENTONCES EMPECÉ A TOCAR LA BATERÍA...
UN TÍO SUPERMALO SALÍA DE MÍ CUANDO ERA UN MUCHACHO. ERA MUY MALO... ME ECHARON DE OCHO O NUEVE COLEGIOS DIFERENTES...
ME PELEABA SIEMPRE CON LOS PROFES. CADA DÍA ME METÍA EN UN LÍO... ERA UN CRÍO CON CARÁCTER...

LOS OTROS RECUERDOS DE MI PADRE TONY SON MUY DE PELÍCULA, EN VERDAD, ADMIRARLO Y CAMINAR POR LOS ANGELES...
A VER, NADIE CAMINA EN LA.
CABLE TV
EN UNO DE ESOS PASEOS ME DIJO QUE ÉL Y MAMÁ SE IBAN A SEPARAR. YO ESTABA DESOLADO, TÍO...
TENÍA QUINCE AÑOS CUANDO ENCONTRÉ UNA VIEJA Y DESTROZADA GUITARRA EN CASA DE MI ABUELA...
ENTONCES NOS HABÍAMOS MUDADO A RANGELY DRIVE Y ERA MUY EMOCIONANTE, SUPONGO... COMO DIJE, BOWIE ESTABA PRESENTE...

LAS BMX ESTABAN DE MODA Y MI ABUELA ME COMPRÓ UNA BICI WEBCO.
LA GENTE TENÍA QUE APARTARSE... PODÍAMOS MONTAR EN CUALQUIER SITIO... BOCAS DE INCENDIO, BANCOS DE LA PARADA DE BUS, ENTRANDO Y SALIENDO DEL TRÁFICO TODO EL RATO.
LAS CALLES ERAN NUESTRO PARQUE DE BICIS... DESDE LA BREA TAR PITS A CULVER CITY Y A VALLEY EN RESEDA... TODO EL CAMINO HASTA ALLÍ, Y RESEDA ESTABA A MÁS DE VEINTICUATRO KILÓMETROS DE HOLLYWOOD...ÉRAMOS MUY AMBICIOSOS...
MIENTRAS, HOLLYWOOD ERA UN SITIO GENIAL PARA QUE TE LLEVARA UN COCHE AGARRÁNDOLO POR DETRÁS... LLEGÁBAMOS A LOS SESENTA KILÓMETROS POR HORA...
RESTAURANT
Dwayne HIGHTOWER
UNCLE BENNY'S

PRUEBA ESTO... AFERRARTE A LA VIDA POR LOS GIROS Y LOS OBSTÁCULOS DEL LAUREL CANYON.
MIS AMIGOS PENSABAN QUE ERA SUPERGUAY CON MIS ATREVIDAS PIRUETAS...

QUEDÁBAMOS EN LA ESCUELA LAUREL ELEMENTARY Y MONTÁBAMOS EN BICI EN EL PATIO.
EL DIRECTOR SE ESTABA ENFADANDO... ESTÁBAMOS DESTROZANDO EL SITIO.
NO ME IMPORTABA UNA MIERDA. EL DIVORCIO DE MIS PADRES ME AFECTÓ MUCHO Y YA NO ME IMPORTABA NADA...

HABÍA ALGUNOS GRANDES PERSONAJES POR AHÍ. MIKE BALZARI (CONOCIDO COMO FLEA), QUE SE HIZO FAMOSO CON LOS RED HOT CHILI PEPPERS TOCABA UNA PEQUEÑA TROMPETA Y MONTABA EN BICI CON NOSOTROS.
HOLLYWOOD

OÍMOS QUE VENÍAN, PERO ERA DEMASIADO TARDE, TÍO.
NOS PILLARON, VALE... PERO YO ME ESTABA RIENDO EN SUS CARAS, COLEGA...
WREEEEEOOOOOOO
LOS POLIS EN VERDAD NOS FASTIDIARON, PERO COMO TENÍAMOS DOCE AÑOS, NO LLEVÁBAMOS IDENTIFICACIÓN...
NO TE VOY A DECIR NADA, TÍO... Y TAMPOCO TE TENGO MIEDO...
VALE, ME LLAMO MICHAEL MOUSE. SÍ, ASÍ ES...
ESTABA SIEMPRE EN PROBLEMAS, EN AQUEL ENTONCES... PERO PRIMERO TENÍAN QUE COGERME Y NORMALMENTE NO ERAN BASTANTE INTELIGENTES O RÁPIDOS PARA HACERLO.
EH TÚ, HIJO DE PUTA. VUELVE AQUÍ, TE VOY A PATEAR EL CULO...
EH, GILIPOLLAS... CÓGEME SI PUEDES.

ERA HORA DE CENTRARSE Y DEJARSE DE TONTERÍAS...
DE APRENDER UN OFICIO Y NO ESTAR QUEMANDO RUEDAS EN LAS CALLES.
HABÍA UN PROFE EN EL COLE, ROBERT, Y ME EMPEZÓ A ENSEÑAR LAS BASES DE LA GUITARRA. COMO "MARY TENÍA UN CORDERITO" Y TODA ESA MIERDA, Y ESO NO ERA NADA DE LO QUE YO QUERÍA APRENDER... YO QUERÍA TOCAR "SMOKE ON THE WATER" Y DEMÁS...
Homework-
read chapters 4 thr
compose argument fo
against
ROBERT SE QUEDABA CONMIGO Y ME ENSEÑABA SU TÉCNICA, YO CONTINUÉ DESDE ALLÍ.
YO ESTABA SUPERCENTRADO, INCLUSO EN EL INSTITUTO, SABIENDO QUE ESA ERA LA ÚNICA COSA QUE QUERÍA HACER PARA SIEMPRE.
PASÉ POR MUCHA GENTE PORQUE NO ESTABAN DISPUESTOS A DEJARLO TODO, ESCUELA, CASA... SOLO PARA TOCAR. STEVE ADLER FUE EL ÚNICO TÍO CON EL QUE ME QUEDÉ, PORQUE ESTABA TAN METIDO COMO YO.
AÚN NO ME HABÍA PUESTO FIRME DEL TODO, YA QUE AÚN ROBABA MOGOLLÓN. LOS CASSETTES ESTABAN CHUPADOS, EL MISMO TAMAÑO QUE UN PAQUETE DE TABACO Y ENCIMA LIGEROS.
ME ENCANTABA ROBAR LIBROS TAMBIÉN. ME ENCANTABA LEER Y ME ENCANTABAN LAS SERPIENTES... ME LAS ENROLLABA EN LOS BRAZOS Y ME PONÍA LA CHAQUETA ENCIMA...

MIS ACTIVIDADES CLEPTÓMANAS FINALMENTE ME PASARON FACTURA...ME PILLARON EN TOWER RECORDS DE SUNSET BOULEVARD, ROBANDO UN MONTÓN DE CASSETTES DE ALLÍ.
PERO TOWER NO ME DENUNCIÓ... SOLO ME DIJERON QUE NO VOLVIERA JAMÁS.
TOWER RECORDS
LO SIENTO MAMÁ... SÉ QUE VENÍAIS AQUÍ MUCHO... SUPONGO QUE ME HAN PILLADO PERO BIEN...
POCO SABÍAN LOS DE TOWER QUE EN SEIS AÑOS ESTARÍA TRABAJANDO ALLÍ... PERO NUNCA LO SUPIERON.
EMPECÉ POR EL PRINCIPIO... EN CUANTO PUDE TOCAR ACORDES, EMPECÉ A TOCAR EN GRUPOS... NO RECUERDO UN MOMENTO EN EL QUE ESTUVIERA APRENDIENDO Y NO TOCANDO CON ALGUIEN MÁS...
ME LLAMO MICHAEL MCKAGAN Y SOY DE LAS AFUERAS DE SEATTLE EN EL ESTADO DE WASHINGTON.
NACÍ ALLÍ EL 5 DE FEBRERO DE 1965. ÉRAMOS UNA GRAN FAMILIA CON OCHO NIÑOS...
HABÍA MUCHOS NIÑOS LLAMADOS MICHAEL EN MI BLOQUE, ASÍ QUE PRONTO ME PUSIERON EL MOTE DE DUFF.
A MI PADRE LE GUSTABA PENSAR QUE HABÍA INVENTADO EL NOMBRE Y A VECES ME LLAMABA MCDUFF...

DESPUÉS DE CRIAR A OCHO NIÑOS, MAMÁ CONSIGUIÓ UN TRABAJO A TIEMPO COMPLETO CUANDO TENÍA CUARENTA Y CINCO AÑOS.
PILLÉ A MI PADRE Y A LA MUJER DEL VECINO EN LA CAMA JUNTOS CUANDO YO TENÍA NUEVE AÑOS... ESE DÍA DEJÉ DE HABLAR A MI PADRE.
ME HABÍAN METIDO EN EL MUNDO ADULTO DE LA MENTIRA, DEL SEXO Y DEL ENGAÑO... TENÍA QUE OCULTÁRSELO A MI MADRE.
ENTONCES, MI PADRE Y LA MUJER DEL VECINO CONTINUARON Y SE MUDARON JUNTOS Y POCO DESPUÉS MI MADRE Y MI PADRE SE DIVORCIARON INEVITABLEMENTE.
EMPECÉ A TENER ATAQUES DE PÁNICO Y POCAS SEMANAS DESPUÉS EMPECÉ A MEDICARME CON ALCOHOL Y DROGAS... POR PROBAR A CALMAR EL CAOS INTERNO Y LAS TORMENTAS TURBULENTAS QUE ME IRRITABAN POR DENTRO.

SUD ESTE DE SEATTLE, ESTADO DE WASHINGTON. AQUÍ ESTABA LLEGANDO OTRO TIPO DE TORMENTA... DUFF MCKAGEN ESTÁ FUERA EN EL AGUA.
¡ALGO VA MAL! EL ENGANCHE SE ESTÁ SALIENDO DEL BARCO...
¡DIOS! ME VOY A AHOGAR... VOY A MORIR...
¡MIERDA! EL BARCO NO PARA Y VOY A HUNDIRME. MI HERMANO, QUE LLEVA EL BARCO, PIENSA QUE ESTOY DE COÑA... LA CUERDA ME HA SEPARADO EL MÚSCULO DEL BRAZO COMO SI FUERA UN CALCETÍN... DOLOR PUNZANTE... ES HORRIBLE... AYUDADME POR FAVOR...
MIENTRAS, PODÍA SENTIR EL SOL... EL AGUA SUJETÁNDOME Y ABRAZÁNDOME. EL PASADO ESTABA AHÍ... EL AHORA Y EL FUTURO... MIS ANTEPASADOS IRLANDESES Y SITIOS MEDIO RECORDADOS O NUNCA VISTOS SE ME MUESTRAN... Y TODO ME VIENE AL MISMO TIEMPO.
MIS PADRES Y MIS ANCESTROS ESTABAN ALLÍ, SALUDÁNDOME... Y ENTONCES...
ME DESMAYÉ, PERO GRACIAS A DIOS ME SACARON Y ME LLEVARON CORRIENDO AL HOSPITAL.
ESTABA CALIENTE ALLÍ, ESTABA BIEN... ME GUSTABA. NO QUERÍA IRME, EN VERDAD.... TUVE UNA VISIÓN Y TODO PARECÍA BIEN.

SOBREVIVÍ Y ESA EXPERIENCIA CASI MORTAL ME HIZO MÁS FUERTE EN EL FUTURO. DE HECHO, MI MADRE ME HIZO HACER UN ESTUDIO SOBRE EXPERIENCIAS CERCANAS A LA MUERTE. MIS RECUERDOS SALIERON EN UN LIBRO LLAMADO *MÁS CERCA DE LA LUZ: APRENDIENDO DE LAS EXPERIENCIAS CERCANAS A LA MUERTE DE LOS NIÑOS.*
HABÍA MILLONES DE GRUPOS Y SITIOS PARA TOCAR... Y ESO ES APENAS UNA EXAGERACIÓN. ESTUVE EN TREINTA Y UN GRUPOS DURANTE MIS PRIMEROS AÑOS EN SEATTLE... INCLUYENDO UN GRUPO DE HARDCORE PUNK LLAMADO THE FARTZ.
TAMBIÉN ENTRÉ EN THE FASTBACKS, RECURRIENDO A MIS HABILIDADES CON LA BATERÍA. TAMBIÉN ESTUVE EN TEN MINUTE WARNING... TANTOS GRUPOS EN SEATTLE...
EN AQUEL ENTONCES ERA UN CHICO DE PELO CASTAÑO QUE NO SABÍA SI DECIDIRSE POR LA GUITARRA ELÉCTRICA O EL BAJO O LA BATERÍA...
MIENTRAS QUE HABÍA UN EXCESO DE OPORTUNIDADES PARA CONOCER A OTROS MÚSICOS E IMPROVISAR, TOCAR EN LOCALES DE SEATTLE ERA TIEMPO PERDIDO PARA CUALQUIER MÚSICO.
SITUADO ENFRENTE DEL PIKE PLACE MARKET, THE SHOWBOX ERA UN SITIO GENIAL EN SEATTLE... THE GORILLA GARDENS ERA OTRO LOCAL GENIAL Y MUY PUNK.
SHOW BOX
20 PAPA MONK
21 ZUT ALORE
LATE FUNK NIGHT
22 ZOE FARGO
PANTIE CHUCKERS
NO PODÍAS LLEGAR A NINGUNO, EXCEPTO EL QUEENSRYCHE, QUE YA ESTABA FIRMADO.... PERO, PARA MÍ, SEATTLE FUE UN GRAN ENTRENO.
ERA 1984 Y ERA EL MOMENTO DE IRSE. TENÍA 360$ A MI NOMBRE Y MI COCHE, UN FORD MAVERICK DE 1971... CREO QUE LO COMPRÉ POR 300 PAVOS.

TÍO, ESTABA A TOPE CON LOS SEX PISTOLS...
SID VICIOUS ERA MI ÚNICA INFLUENCIA MUSICAL PORQUE PENSABA QUE ERA EL BAJISTA MÁS GUAY DE LA HISTORIA. POCO PODÍA IMAGINAR, ENTONCES, QUE AL LLEGAR A LOS ÁNGELES ME DEDICARÍA ÚNICAMENTE A TOCAR EL BAJO.
TENÍA DIECINUEVE AÑOS Y NO CONOCÍA A UN ALMA EN LA CIUDAD, EXCEPTO A MI HERMANO, QUE VIVÍA EN EL VALLE DE SAN FERNANDO, PERO AÚN ASÍ ESTABA ENTUSIASMADO...
FUE UNA EXPERIENCIA GENIAL DE APRENDIZAJE EN MUCHOS SENTIDOS, COMO MUDARME A LOS ÁNGELES Y NO CONOCER A NADIE. FUE EMOCIONANTE, LLEGAR AQUÍ Y NO SABER QUÉ IBA A PASAR AL DÍA SIGUIENTE...
MAVERICK
CAMBIÉ MI EQUIPAJE POR UN BAJO Y UN PEQUEÑO AMPLI Y PENSÉ “AQUÍ HAY UN MILLÓN DE GUITARRISTAS”... Y YO NO ERA TAN BUENO...
ASÍ QUE METÍ UN PIE DENTRO. DIJE, BUENO, VOY A TOCAR EL BAJO PORQUE LOS BAJISTAS SON DIFÍCILES DE ENCONTRAR. BÁSICAMENTE ASÍ ES COMO EMPECÉ. NO ERA NI SIQUIERA BUENO AL PRINCIPIO...

TARDÉ ALGO DE TIEMPO EN CONSEGUIR UN APOYO EN LOS ANGELES. TRABAJÉ POR EL SALARIO MÍNIMO EN EL BLACK ANGUS STEAKHOUSE DE NORTHRIDGE.
VIVÍ CON LO MÍNIMO Y VIVÍ A LO GRANDE AL MISMO TIEMPO (EN MI CABEZA, BÁSICAMENTE)... NO TENÍA SEGURO DE COCHE O DE SALUD... COMÍA LA MISMA MALDITA COMIDA CADA DÍA DURANTE SEMANAS...
... PERO SIEMPRE MANTUVE UNA LÍNEA DE TELÉFONO, POR SI ACASO. A RATOS PODÍA SER MUY DURO Y A VECES INCLUSO TENÍA QUE USAR CUPONES DE COMIDA...
KISMET — OTRO ENCUENTRO FORTUITO. HABÍA VISTO A ESTE TÍO EN UNA FIESTA HACÍA DOS SEMANAS Y ACABAMOS HABLANDO DE MÚSICA. LE MOLABA JOHNNY THUNDERS, Y SABES QUÉ, A MÍ TAMBIÉN... SE LLAMABA IZZY STRADLIN.
OYE IZZY, ¿QUÉ PASA? ¿TODO BIEN?
VIVÍA EN LA PARTE TRASERA DEL HOTEL EN EL QUE YO ME QUEDABA... Y EMPECÉ A DARME CUENTA QUE IZZY SERVÍA UNA PÓCIMA QUE MANTENÍA SU HÁBITO AL DÍA Y ENCIMA LE DABA ALGUNOS DÓLARES...
ME DI CUENTA QUE IZZY ESTABA ENGANCHADO, TÍO, PERO NO LE DI IMPORTANCIA... NORMALMENTE EL ROLLO YONKI NO ERA AUTÉNTICO PARA MÍ.

NEVER MIND THE BOLLOCKS HERE'S THE SEX PISTOLS
EMPEÑÉ MI GUITARRA Y CUANDO LA RECUPERÉ DE LA TIENDA DE EMPEÑOS VINIERON LOS POLIS Y SE LA LLEVARON... RESULTÓ QUE LA HABÍAN ROBADO CINCO AÑOS ANTES EN SEATTLE... ME SIGUIÓ POR TODO EL PAÍS.
DEJÉ LAS DROGAS CUANDO ESTABA EN SEATTLE, YA QUE VI COMO SE EXTENDÍA LA HEROÍNA COMO SI FUERA CÁNCER. UNA DE LAS RAZONES PARA DEJARLAS FUE QUE TENÍA ATAQUES DE PÁNICO SUPERMALOS.
ME SENTÉ Y OBSERVÉ CÓMO LA HEROÍNA REZUMABA POR TODAS PARTES. COINCIDIÓ CON LA PRIMERA LEGISLATURA DE RONNIE REAGAN, QUE TAMBIÉN COINCIDIÓ CON LA INMINENTE RECESIÓN ECONÓMICA... AL PRINCIPIO EMPEZÓ POCO A POCO Y LUEGO EL GOLPE FUE EN TODAS PARTES.
ENTONCES OTRA ENFERMEDAD SOCIAL LLEGÓ A LA CIUDAD, CON UN PEQUEÑO NOMBRE PERO UN GRAN IMPACTO SOCIAL...
SIDA
YO QUEDABA CON MI NOVIA STACY Y TOCÁBAMOS EN UN GRUPO LLAMADO THE FARTZ.

ME PARARON CUANDO IBA CONDUCIENDO COMO UN LOCO PARA INTENTAR PILLAR A BILLY IDOL EN EL SHOW DE ESA NOCHE CON JOHNNY CARSON. ME ASEGURÉ DE TENER UN PENIQUE DE COBRE ESCONDIDO EN LA BOCA PARA DESPISTAR AL ALCOHOLÍMETRO... ESTÁBAMOS BORRACHOS COMO CUBAS...
SEÑOR, ¿HAY ALGUNA RAZÓN PARA TANTA PRISA?
POLICEMAN
OFICIAL, VAMOS RÁPIDO PORQUE NO PODEMOS PERDERNOS A BILLY IDOL CON CARSON...
¡MALDITA SEA! CASI ME MEO EN LOS PANTALONES RIÉNDOME DEL TÍO AHÍ. ESTABA TAN PUESTO, COLEGA...
TAMBIÉN ME METÍ EN OTRO GRUPO QUE VENÍA DE SEATTLE, SE LLAMABA TEN MINUTE WARNING. HICIMOS UNA GIRA POR EL NOROESTE CON EL GENIAL GRUPO DE PUNK DE VANCOUVER D.O.A.
VOLVÍ DE LA GIRA Y STACY ESTABA TONTEANDO CON OTRO CHICO QUE ERA DE UN GRUPO DE AMIGOS MUY TURBIO Y ANDABA CON DROGAS. PARECÍA QUE SE IBA A METER UNA BUENA HOSTIA. ASÍ QUE ADIÓS STACY Y A MI PRIMER AMOR VERDADERO.
10 MINUTE WARNING
ZOOM
VI COMO MI COMPAÑERO DE PISO Y BUEN AMIGO EDDY TAMBIÉN SE METÍA EN LA HEROÍNA... SE ESCABULLÓ. ME ROMPÍA EL CORAZÓN, TÍO.
TUVE QUE DISTANCIARME DE TODO EL ROLLO Y CONCENTRARME EN MI MÚSICA... PARECÍA MI ÚNICA ESPERANZA Y MI GRAN OPORTUNIDAD PARA HACER UN CAMBIO.

SOY BILL BAILEY Y MIS PENSAMIENTOS ESTÁN LIGADOS A LA MÚSICA. AÚN ESTABA EN LAFAYETTE Y AÚN QUEDABA CON JEFFREY ISBELL (IZZY), PERO SE IBA A IR PRONTO...
ES RARO, PERO FUE LA FAMILIA PARTRIDGE LA QUE ME DIO LA IDEA DE EMPEZAR MI PROPIO GRUPO. LES CONTÉ MIS PLANES A LOS PROFESORES Y ME CATEARON POR PRESUNTUOSO. YA SABES, ¡UN SUSPENSO POR SUBNORMAL!
YO ESTABA EN EL INSTITUTO JEFFERSON Y ME ESTABA VOLVIENDO LOCO. ESTABA ENFURECIDO CON LA IGLESIA Y CON MIS PADRES Y NO TENÍA ADÓNDE IR CON TODO ESO... EXCEPTO A LA IRA Y A LA RABIA.
¡VAMOS, HIJOS DE PUTA! ¡COGEDME SI PODÉIS! OS ADELANTO CUANDO QUIERA, IMBÉCILES.
ES COMO SI TU CIUDAD NATAL FUERA UNA VALLA... TE PONE LÍMITES PERO TAMBIÉN PUEDE QUITARTE CADA ALIENTO VITAL. IZZY ESTABA VIENDO MIS PAYASADAS ESE DÍA...
ERA MI PRIMER DÍA DE ESCUELA Y FUE CASI LA PRIMERA COSA QUE VI... ANTES DE IRME DEL PUEBLO VI LAS PAYASADAS DE AXL, O BILL, COMO SE LLAMABA ENTONCES... TÍO, ESTABA LLENO DE ODIO HACIA SÍ MISMO... A MÍ ME GUSTABA PASAR DESAPERCIBIDO, PERO BILL NO PODÍA CONTENERSE PARA NADA...
CREO QUE LOS DOS SABÍAMOS QUE NOS ESTÁBAMOS AHOGANDO Y NO ÍBAMOS A VOLVER A RESPIRAR SI CONTINUÁBAMOS ASÍ...

BILL ESTABA YA AL FINAL DE SU ADOLESCENCIA... INTENTADO ENCONTRAR LA FORMA PARA SOLTAR LO QUE LLEVABA DENTRO...
PRONTO DECIDÍ QUE AHÍ HABÍA UN CHICO COMPLETAMENTE LOCO PERO SABÍA QUE SERÍA UN CANTANTE DE PUTA MADRE...
ESTABA REBUSCANDO EN LOS PAPELES DE LA FAMILIA POR ALGO, Y, ENTRE LOS PAPELES DEL SEGURO, ENCONTRÉ EL DIPLOMA DEL INSTITUTO DE MI MADRE... SU APELLIDO ERA ROSE... MI PADRE BIOLÓGICO TAMBIÉN SE LLAMABA ROSE... ¿QUÉ COÑO PASABA?
FUI AL SITIO DONDE ENCONTRÉ MIERDA SOBRE MÍ Y QUIÉN YO ERA... NO SOY QUIÉN PENSABA QUE ERA...
ENTONCES, ¿QUIÉN ERA MI PADRE DE VERDAD? TENGO ESTOS PAPELES Y, MAMÁ, TE LLAMAS ROSE. ¿QUÉ COÑO ES ESTO?

ME SENTÍA TOTALMENTE AJENO A MÍ MISMO. MI PADRASTRO SE ASEGURÓ QUE NUNCA PUDIERA RECUPERARME CON TODOS SUS MENSAJES CONFUSOS...
¡SAL DE ESTA CASA! TOMAS DROGAS Y BEBES Y TODAS ESTAS COSAS QUE YO NUNCA HE HECHO... NUNCA JAMÁS TE CORTAS EL PELO, ¡ESTA ES TU ÚLTIMA OPORTUNIDAD!
TODO SE ROMPIÓ...

AHORA ESTOY EN CASA DE MI ABUELA. SOY EL MARICA PELIRROJO QUE ESTUDIA PIANO EN EL COLE.
EN VERDAD YA NO ME IMPORTA NADA UNA MIERDA, ASÍ QUE VAMOS A SOLTARNOS... TENGO PROBLEMAS, ASÍ QUE PUEDO TAMBIÉN PROVOCAR MÁS PROBLEMAS... SI ME VAN A ACUSAR DE TODO, PUES YA LO PRUEBO TAMBIÉN.
LOS POLIS ME ODIAN, TÍO... ME METIERON EN LA CÁRCEL MÁS DE VEINTE VECES Y CINCO DE ESAS VECES FUI CULPABLE.
JUZGADO DE TIPPENCANOE, LAFAYETTE, INDIANA.
NO CONFIABA EN LOS ABOGADOS DE OFICIO, ASÍ QUE ME DEFENDÍ A MÍ MISMO.

EN UN PERÍODO DE DOS AÑOS, BILL BAILEY PASÓ UN TOTAL DE DIEZ DÍAS EN LA CÁRCEL DEL CONDADO CON CARGOS POR BORRACHERAS EN PÚBLICO, AGRESIONES, CONTRIBUCIÓN A LA DELINCUENCIA DE UN MENOR, DAÑOS Y ALLANAMIENTO.
OTRO MALDITO ENFRENTAMIENTO CON LAS AUTORIDADES...
TENGO QUE DESTROZAR ALGUNAS VENTANAS EN LA CALLE PRINCIPAL Y SALIR DE AQUÍ OTRA VEZ, INTENTAR QUEDAR CON IZZY EN LOS ANGELES. YA FUI ALLÍ EN AUTOESTOP UN PAR DE VECES...
ALL DAY PA
HIZO COSAS ESTÚPIDAS, PERO LO FASTIDIARON LOS POLIS Y A VECES PARECÍA UNA CHICA - UN POCO AFEMINADO - Y SE METÍAN MUCHO CON ÉL POR ESO. LLEVAR PELO LARGO NO ERA COMÚN EN LAFAYETTE ENTONCES...

HABÍA TAN POCO POR HACER ALLÍ... ESTABA SIEMPRE METIDO EN PELEAS Y NO CREO QUE FUERA CONSCIENTE DE LO QUE HACÍA O DE LO ENFADADO QUE ESTABA.
SIEMPRE PENSÉ QUE ALGO QUÍMICO LE PASABA CUANDO SE ENFADABA...
CUANDO DESCUBRIERON QUE ERA BILL BAILEY, ME METIERON EN LA CÁRCEL.
YA SÉ QUE ME VEN COMO UNA AMENAZA. LAS AUTORIDADES NOTAN MI ROLLO CON ELLOS Y LO VEN COMO UNA AMENAZA INMEDIATAMENTE.
EL PARQUE COLUMBIAN ERA UN SITIO GENIAL PARA ENTRAR Y PASAR EL RATO EN EL ESCENARIO Y TOCAR EL VIEJO PIANO DURANTE HORAS POR LA NOCHE. QUIZÁ PODÍAMOS ABRIR ALGUNAS MENTES EN EL PUEBLO...
ME MUDÉ A LA CASA DE MIS ABUELOS... CRUZANDO LA CALLE DEL PARQUE COLUMBIAN. TENÍA MIS PEQUEÑOS TERRITORIOS MARCADOS COMO UN GATO CALLEJERO AMANTE DE LA MÚSICA.

MI VIEJA AMIGA MONICA GREGORY EMPEZÓ A VENIR...
ÉRAMOS UNA PANDILLA Y QUEDÁBAMOS EN EL PORCHE DELANTERO DE DAVID LANK, O EN LA CASA DE LA ABUELA DE AXL... QUE ESTABA JUSTO DETRÁS DE LA TIENDA DE HELADOS EN LA ESQUINA DEL PARQUE COLUMBIAN, A POCOS METROS DE LA CASA DE AXL...
SOLO HABÍA UN SITIO GUAY DE VERDAD, SE LLAMABA THE STABILIZER... EL CUARTO DE AXL TENÍA COLCHONES EN SUELO Y CUADERNOS DE DIBUJO Y SU PIANO, Y REALMENTE PODÍAS PONERTE MUY ARTÍSTICO EN LO QUE QUISIERAS. AXL CONSIGUIÓ UN PIANO Y LO PUSO EN SU CUARTO Y PRACTICABA. SE SENTABA Y TOCABA LAS COSAS MÁS BONITAS... REALMENTE BONITAS...
ESTE CÍRCULO DE ARTISTAS ERA CLARAMENTE UNA ABERRACIÓN PARA LOS PIJOS, E INCLUÍA A IZZY, QUE ERA AL PRINCIPIO UN BATERÍA, A UN COMPOSITOR LLAMADO DAVID LANK, A DANA GREGORY, QUE ERA UNA ARTISTA EN LAFAYETTE, A MIKE STAGGS, QUE TOCABA LA GUITARRA PRINCIPAL EN DUMPSTER, A UN MÚSICO LLAMADO DAVID PYLE Y A SHANNON HOON, QUE ACABÓ SIENDO EL CANTANTE DE BLIND MELON.
EL LADO CREATIVO DE AXL ERA SUPERINTENSO. CREO QUE MANTUVO AL GRUPO QUE HABÍA ALLÍ POR NO SÉ CUÁNTOS AÑOS... INCLUSO ANTES DE QUE YO ENTRARA EN ESCENA.
YO ERA PRÁCTICAMENTE EL ÚNICO QUE NO LO DEJÓ POR LA VIOLENCIA DE PALMERAS Y PLÁSTICO DE LA. ME QUEDÉ Y ABRÍ UNA TIENDA DE ROPA DE ROCK'N'ROLL AQUÍ EN LAFAYETTE.
AXL VOLVIÓ DE LA EN VERANO DESPUÉS DE MI ÚLTIMO AÑO EN EL INSTITUTO, QUE SERÍA 1982... Y PASÓ EL VERANO AQUÍ, Y LO PASAMOS GENIAL... TOMAMOS UN MONTÓN DE ALUCINÓGENOS... ESCRIBIMOS MUCHA POESÍA... ESCRIBIMOS UN MONTÓN... MONTAMOS MUCHO EN SKATE...
ÍBAMOS A PARQUES A JUGAR AL *FRISBEE*. Y SIEMPRE LLEVÁBAMOS MÚSICA CON NOSOTROS, QUEEN O NAZARETH O AC/DC O SEX PISTOLS O AEROSMITH... QUEDÁBAMOS EN LA PURDUE UNIVERSITY... NOS SENTÁBAMOS EN LA HABITACIÓN DE ALGUIEN Y TOMÁBAMOS *TRIPIS*. YO LLEVABA EL PELO ROSA Y ROPA SUPERRARA... SIEMPRE TENÍAMOS A LA POLI CERCA...

DEJAMOS UN ANUNCIO PARA QUE TODOS LO VIERAN EN EL PARQUE COLUMBIAN...
KISS MY ASS LAFAYETTE O' I'M OUTTA HERE!
ME DI CUENTA QUE SI NO SALÍA DE AQUÍ ME TACHARÍAN DE DELINCUENTE HABITUAL... MI ABOGADO ME DIJO QUE SALIERA DE ALLÍ DE UNA PUTA VEZ. IBA A ACABAR EN LA CÁRCEL PORQUE ESTABA JODIENDO AL SISTEMA...

ERA EL 19 DE DICIEMBRE DE 1982 Y NOS FUIMOS PARA SIEMPRE ESTA VEZ... TENÍAMOS LA SEGURIDAD DEL COCHE DE GINA Y CONDUJIMOS LOS 3000 KILÓMETROS A LOS ANGELES... NO COMO ANTES QUE HACÍA AUTOESTOP Y ME AMENAZARON Y CASI ME VIOLÓ UN TÍO UNA VEZ... PERO ME LO SAQUÉ DE ENCIMA CON MI NAVAJA DE AFEITAR...
NOS MUDAMOS A UNA POCILGA EN EL 1921 DE WHITLEY AVENUE EN HOLLYWOOD.
BUS STOP
222
212
Whitley Av.
YO YA ME HABÍA CAMBIADO EL NOMBRE OFICIALMENTE A W. AXL ROSE DESPUÉS DE DESCUBRIR LOS PAPELES DE MI MADRE EN LAFAYETTE. NO QUERÍA TENER EL MISMO NOMBRE QUE MI PADRE BIOLÓGICO.
VIVÍ EN LA CALLE POR TEMPORADAS DURANTE CINCO AÑOS...
LO ECHÉ PORQUE ME CANSÉ DE MANTENERNOS A LOS DOS Y DE DISCUTIR TODO EL DÍA.

SI DAS PAN AL HAMBRIENTO Y SACIAS EL DESEO DE LOS AFLIGIDOS, EN LAS TINIEBLAS NACERÁ TU LUZ, Y TU OSCURIDAD SERÁ COMO EL MEDIODÍA...

ISAÍAS 58:10

LOS CLUBES NOCTURNOS EN HOLLYWOOD Y LOS ÁNGELES ESTABAN SURGIENDO...
HABÍA MUCHÍSIMOS SITIOS DONDE TOCAR...
TODO IBAN TOMANDO FORMA. ME UNÍ A UN CONJUNTO LLAMADO RAPIDFIRE — LOS ENCONTRÉ EN UN PERIÓDICO QUE SE LLAMABA *RAPID CONNECTION*. HICIMOS ALGUNAS DEMOS EN UN ESTUDIO EN MAYO DEL 83. LAS DISTRIBUIMOS POR LA CIUDAD, PERO NADIE LLAMÓ A NUESTRA PUERTA CON OFERTAS NI TRATOS NI NADA EN ABSOLUTO...
IZZY Y YO ESTÁBAMOS UN POCO IMPACIENTES... ERA O ESO O BAJARSE DEL CARRO...

UN SITIO AL QUE ÍBAMOS EN HOLLYWOOD ERA EL ROXY Y PILLAMOS A UN GRUPO QUE CUADRABA CON NUESTRAS IDEAS Y ACTITUDES.
ÍBAMOS A TARDAR UNOS LA-A-A-ARGOS TRES AÑOS EN CONSEGUIR DEJAR HUELLA EN LA ESCENA DE LA... NOS PARECIÓ UNA ETERNIDAD... MÁS LARGO QUE LA ETERNIDAD...
ROXY

NOS MOLABAN ESOS TÍOS MÖTLEY CRUE. ESTABAN HACIENDO MUCHO RUIDO CON SU DISCO CHILLANDO AL DEMONIO.
VINCE NEIL Y TOMMY LEE SE PREGUNTAN QUIÉN COÑO SOMOS...
IZZY Y YO NOS PUSIMOS EN CONTACTO CON UN GUITARRISTA LLAMADO CHRIS WEBER. LO CONOCIMOS EN EL BAR-RESTAURANTE RAINBOW EN SUNSET BOULEVARD.
OTRO TÍO LLAMADO TRACII GUNS VINO DEL INSTITUTO FAIRFAX, COMO CHRIS...
EMPEZAMOS A QUEDAR EN SITIOS COMO EL STARWOOD, EL WHISKY, MADAME WONG, EL TROUBADOUR...

WELCOME TO THE JUNGLE
ve a Coke
a-Cola
ROOSEVELT
HOTEL
JEWELERS
HOLLYWOOD ROSE
Appearing at The Orphanage
Happy Hour 7-8pm
$1 on entrance
HOLLYWOOD ROSE
Appearing at The Orphanage
Happy Hour 7-8pm
$1 on entrance
HOLLYWOOD ROSE
Appearing at The Orphanage
Happy Hour 7-8pm
$1 on entrance

EMPEZAMOS A TOCAR EN DISCOTECAS PEQUEÑAS Y LOCALES... TOCAMOS EN EL ORPHANAGE, EN MADAM WONG... TAMBIÉN EN EL TROUBADOUR Y EL COUNTRY CLUB...
TENÍAMOS NUESTRO GRUPO Y PRIMERO LO LLAMÉ AXL, Y DESPUÉS LO CAMBIÉ A ROSE... DESPUÉS FUE HOLLYWOOD ROSE.
SAUL HUDSON ESTABA CREANDO UN GRUPO QUE PRIMERO SE LLAMÓ TIDUS SLOAN Y DESPUÉS CAMBIÓ A ROAD CREW.
YO ESTABA TOCANDO A MEDIO GAS CON ESTA BANDA TIDUS SLOAN... STEVIE ADLER NO PARABA DE VENIR Y DECIRME QUE ÉL ERA MEJOR QUE NUESTRO BATERÍA... ME ESTABA MOLESTANDO, PERO ERA MUY INSISTENTE, TÍO.

YO ESTABA CON THE FARZ, PERO SIEMPRE SE IBA GENTE Y LO DEJABA...
PRIMERO ERA EL BATERÍA Y LUEGO ME PASÉ A LA GUITARRA.
EN TODAS PARTES HABÍA LA AMENAZA DE LA OSCURIDAD SOCIAL...
EL CABALLO EMPEZÓ A ENTRAR EN LA ESCENA EN CUANTO THE FARTZ CAMBIARON A MI SIGUIENTE GRUPO TEN MINUTE WARNING... ERA COMO SI YA HUBIERA PASADO ANTES. ¿CÓMO SE DICE? DÉJÀ VU. LAS DROGAS ESTABAN AFECTANDO MUCHO A MI COLEGA, CANTANTE Y GUITARRISTA PAUL SOLGER...
INTENTAMOS UNIR EL PUNK ROCK CON UN ROLLO MÁS PSICODÉLICO DE LOS SESENTA. NO TENÍA NADA QUE VER CON EL HEAVY METAL AÚN.
PERDÍ A OTRO GRUPO EN BRAZOS DE LA HEROÍNA... TÍO, ¿CUÁNDO ACABARÁ ESTA MIERDA?

*THE RECYCLER* ERA EL PERIÓDICO LOCAL Y TENÍA UN MONTÓN DE ANUNCIOS PARA MÚSICOS. LO MIRABA REGULARMENTE...
SABÍA QUE TENÍA QUE INTENTAR ENCONTRAR UNA SITUACIÓN MUSICAL SEGURA. ESTO DE TIDUS SLOAN NO FUNCIONABA...
PHONE
OYE, LLAMO POR EL ANUNCIO EN EL PERIÓDICO *THE RECYCLER*... SÍ, ESTOY EN LA CIUDAD, TÍO... UHM, SÍ. CREO QUE SÉ DÓNDE ESTÁ...
ESTOS TÍOS PARECÍA QUE SABÍAN LO QUE HACÍAN... PARECÍAN SERIOS... ¿SABES A LO QUE ME REFIERO?
LA REUNIÓN NO FUE A NINGUNA PARTE...

1921 DE WHITLEY AVENUE, HOLLYWOOD.
NOS ECHARON DE ESA MIERDA DE APARTAMENTO, ¿TE LO PUEDES CREER? SE CANSARON DE NOSOTROS Y DE NUESTROS LÍOS... LAS DROGAS Y TODAS LAS CHICAS QUE VENÍAN. ERA EL MOMENTO DE IRNOS... TAMPOCO ES QUE TUVIÉRAMOS OPCIÓN...
USAMOS LAS HERRAMIENTAS DE NUESTRO TRATO PARA IR TIRANDO... MUCHO *SPEED* Y VIVIR EN COCHES DETRÁS DE CONTENEDORES.
ENTONCES ENCONTRAMOS OTRA POCILGA DONDE VIVIR Y TOCAR. ESTUVIMOS ENSAYANDO EN UN AGUJERO LLENO DE PULGAS, UN NIDO DE RATAS EN FRANKLIN AVENUE... ERA CUESTIÓN DE TIEMPO QUE VOLVIERAN A DESAHUCIARNOS CON TODO EL MALDITO RUIDO QUE HACIAMOS CADA NOCHE.
CHRIS WEBER LLEGÓ AL RESCATE. FUIMOS Y NOS ALOJAMOS EN CASA DE SUS PADRES EN MULHOLLAND, CERCA DE LAUREL CANYON, DONDE CONTINUAMOS ENSAYANDO Y GRABANDO MÁS DEMOS... "KILLING TIME", "ANYTHING GOES", "ROCKER", "SHADOW OF YOUR LOVE" Y "RECKLESS LIFE". NOS MANTUVIMOS JUNTOS Y SEGUIMOS...
HOLLYWOOD
MULLHOLLAND DR.

EN VEZ DE RESPONDER A ANUNCIOS MUSICALES, ERA EL MOMENTO DE PONER UNO...
STEVIE POPCORN APARECIÓ CON SU CHATARRA GREMLIN. ¡JODER! QUÉ VERGÜENZA QUE NOS VIERAN VIVOS CON SEMEJANTE MONSTRUOSIDAD SOBRE RUEDAS...
STEVE ADLER MONTABA SU BATERÍA EN EL PARQUE PÚBLICO Y TOCABA Y PRACTICABA TODO EL DÍA... IGNORADO POR LOS CORREDORES Y TODA LA GENTE QUE PASABA POR AHÍ DÍA Y NOCHE.
SLASH VA A VENIR A VER CÓMO TOCO MÁS TARDE...
LE PUSE UN 10 POR SU EMPEÑO.
STEVIE IBA MEJORANDO, PERO SALÍA CADA NOCHE... CONTROLANDO TODOS LOS GRUPOS Y MÚSICOS AHÍ FUERA.

EL ANUNCIO NOS TRAJO ALGUNOS MÚSICOS.
ANUNCIO
SE NECESITA BAJISTA PARA GRUPO: INFLUENCIADOS POR AEROSMITH, ALICE COOPER. LLAMA A SLASH. 674-9823-467
NOS LLAMÓ ESE TÍO QUE SE LLAMABA DUFF Y PARECÍA UNA BUENA OPCIÓN...
LE DIJIMOS QUE VINIERA A CONOCERNOS ESA NOCHE EN EL CANTER'S DELI A LAS 20H.
PENSÁBAMOS QUE NO VENDRÍA, PERO ENTRÓ ESTE TÍO ALTO, MOLÓN Y CON AUTÉNTICA ACTITUD PUNK...
COGIMOS UN SITIO EN LA ESQUINA DEL CANTER CON STEVIE Y LAS CHICAS. YVONNE, MI NOVIA, ME IBA PASANDO UNA BOTELLA DE VODKA... ASÍ QUE BEBIMOS Y ESPERAMOS...
EN ENERO DEL 85, MI COLEGA GREG GILMORE Y YO NOS HABÍAMOS MUDADO A LA. EMPEZAMOS A CONTESTAR ANUNCIOS Y A IR A CASTINGS JUNTOS. DECIDÍ TOCAR EL BAJO Y NO LA GUITARRA. EN LOS ÁNGELES HABÍA COLA DE GUITARRISTAS Y ASPIRANTES A GUITARRISTA...
TENÍA OFERTA PARA TOCAR CON LOS ANGELIC UPSTARTS... PERO LA RECHACÉ. NO QUERÍA IRME A VIVIR A LONDRES.

OYE TÍO, ¿ERES GAY?
NO, NO LO SOY. OYE, TÍO, LLAMÁNDOTE SLASH PENSABA QUE SERÍAS UN AUTÉNTICO PSICÓPATA...
FORMAMOS UN GRUPO DIRECTAMENTE... LO LLAMAMOS ROAD CREW. ENSAYÁBAMOS EN SELMA Y HIGHLAND, PERO DUFF Y EL GRUPO TODO SE ROMPIÓ AL CABO DE UN MES, ESTÁBAMOS HARTOS DE STEVIE SALIENDO DE FIESTA TODO EL DÍA Y PASANDO EL RATO SIN ENSAYAR, PERO NUESTROS CAMINOS SE IBAN A CRUZAR MÁS ADELANTE...
UNA MELODÍA CON LA QUE ESTABA TRABAJANDO SERÍA MUY ÚTIL UN POCO MÁS ADELANTE... ¿QUIÉN LO PODÍA IMAGINAR?
DE ENTRE TODOS ESOS CONGLOMERADOS DE LUZ, ESOS DESTELLOS DE ELECTRICIDAD... EL DESTINO NOS IBA A REUNIR. PODÍAMOS SER LOS AFORTUNADOS EN UNA CIUDAD LLENA DE PERDEDORES ESPERANZADOS... PODÍAMOS CONSEGUIRLO.

LAS COINCIDENCIAS MUSICALES CONTINUARON Y EMPEZARON A ENTRELAZARSE...
STEVIE, SLASH Y YO AÚN QUEDÁBAMOS, ÉRAMOS AMIGOS... ENTONCES VIMOS ESTE GRUPO LLAMADO HOLLYWOOD ROSE EN EL TROUBADOUR. TENÍAN UN GUITARRISTA MUY *GUAY*, TRACII GUNS, QUE DABA NOMBRE A OTRO GRUPO.
HOLLYWOOD
ROSE
$2.00 Off Admission With This Ad
AT 10:00
EASY
TUVE QUE SALIR DE LA CALLE UN TIEMPO. ASÍ QUE ENCONTRÉ UN AGUJERO DETRÁS DEL TEATRO CHINO GRAUMAN. SI LA FAMILIA MCKAGAN PUDIERA VERME AHORA... ¡UFFF!
ESTA MIERDA DE APARTAMENTO TENÍA UNA PLAGA DE CUCARACHAS...
SE METÍAN POR TODAS PARTES...
EN REALIDAD SOY UNA ROCKARACHA...

8 DE DICIEMBRE DE 1984. CERCA DE REDONDO BEACH, LOS ANGELES.
EL CANTANTE DE MÖTLEY CRUE, VINCE NEIL, TIENE UN ACCIDENTE DE COCHE Y EL PASAJERO NICK "RAZZLE" DINGLEY DE HANOI ROCKS MUERE INMEDIATAMENTE. VINCE PASÓ TIEMPO EN LA CÁRCEL Y TUVO QUE PAGAR UNA MULTA DE 2.5 MILLONES DE DÓLARES... NOS HIZO SENTIR FATAL POR UN TIEMPO...
POLICE
LLAMAMOS A VICKY HAMILTON, UNA AGENTE. LITERALMENTE LLEVAMOS UNA GRABADORA A LA PROMOTORA SILVER LINING ENTERTAINMENT Y LA OBLIGAMOS A ESCUCHAR NUESTRAS DEMOS. ELLA EMPEZÓ A CONSEGUIRNOS BOLOS GRACIAS A ESO Y A NUESTRO EMPUJÓN INICIAL. LE DIJIMOS QUE ÍBAMOS A SER LA MAYOR BANDA DE HOLLYWOOD...
AXL ESTABA LLENO DE ENERGÍA CONTENIDA... LITERALMENTE TEMBLABA Y SE AGITABA CUANDO ESTABA AHI ARRIBA. ERA CASI UNA CONVULSIÓN. COMO SI ESTUVIERA POSEIDO. A VECES DABA BASTANTE MIEDO VER A ALGUIEN PROVOCANDO TODA ESTA POTENCIA, ENERGÍA Y EMOCIÓN.
GAMORRA
LOVE CONQUERS ALL.
EN SUNSET Y DOHENY HICIMOS UN POCO DE AUTOPROMOCIÓN... MUY BRUTO, PERO ESPERÁBAMOS QUE EFECTIVO...
GREY LIFE AREA
WHITE LIFE SNOW
BLACK LIFE POWER
PURPLE LIFE PATCH
RED LIFE ALERT
BLUE LIFE MONDAY

TODOS ESTÁBAMOS FIJÁNDONOS EN EL INTENSO CÍRCULO DE GRUPOS TOCANDO EN EL CIRCUITO DE CLUBES... ESCUCHAMOS QUE CHRIS WEBER HABÍA SIDO DESPEDIDO POR AXL DE SU GRUPO...
STEVE Y YO FUIMOS A VER A ESTE TÍO, W. AXL ROSE, CON EL GRUPO HOLLYWOOD ROSE, ERA OTRA COSA... ENTRE SU MODELITO Y EL GRUPO DE GUNS DE LA, PENSAMOS QUE ERAN LOS DOS MEJORES DE LA CIUDAD.
ME UNÍ A HOLLYWOOD ROSE, PERO IZZY STRADLIN SE LARGÓ... NO LE GUSTABA QUE AXL HUBIERA ECHADO A CHRIS WEBER...
ME LLAMARON PARA UNA PRUEBA CON ESTOS TÍOS DESPUÉS DE QUE LARGARAN A CHRIS WEBER... LLEGUÉ A ESTA POCILGA INFESTADA DE RATAS EN SELMA CON FRANKLIN... EL MISMO SITIO QUE HABÍAMOS USADO CON NUESTRO GRUPO ROAD CREW.
AXL VINO Y VIVIÓ CONMIGO EN CASA DE MI ABUELA CON MIS SERPIENTES Y GATOS. QUEDÁBAMOS MIENTRAS YO TRABAJABA... ENTONCES DE REPENTE DESAPARECIÓ Y VOLVIÓ A LOS ENSAYOS COMO SI NADA HUBIERA PASADO.

AÚN NOS CONTRATABAN, Y HOLLYWOOD ROSE TOCÓ ALGUNOS CONCIERTOS EN 1984... STEVE ADLER Y SLASH ESTABAN AHÍ JUNTO A STEVE DARROW Y AXL.
ENTONCES, INCREÍBLE, HOLLYWOOD ROSE SE VIENE ABAJO. AHORA IZZY TOCA EN UN GRUPO QUE SE LLAMA LONDON... AXL SE METIÓ CON LA GUNS... Y YO ME METÍ EN UN GRUPO LLAMADO BLACK SHEEP CON WILLIE BASSE. ESO FUE UNA GRAN FORMACIÓN DE BASE, TÍO. WILLIE EMPEZÓ LA "ERA DE SUNSET STRIP"... TRES GRUPOS, TRES BARRILES... MIL COLEGAS... FIESTAS REALMENTE GENIALES EN EL ROXY O EN EL WHISKY...
AXL ME CONSIGUIÓ UN TRABAJO EN TOWER VIDEO, AL OTRO LADO DE TOWER RECORDS, DONDE ME PILLARON POR ROBAR AÑOS ATRÁS.
VIDEO
FUE GENIAL VOLVER A VER A AXL, PERO SE HABÍA ENROLLADO CON MI EX, YVONNE, Y YO ESTABA SEGURO DE CÓMO ME SENTÍA SOBRE ESO.
TÍO, LA LIÁBAMOS MUCHO EN TOWER... NOS SURTÍAMOS DE ALCOHOLES,... PONÍAMOS PELIS PORNO EN LOS REPRODUCTORES DE VIDEO DE LA TIENDA Y EN GENERAL IGNORÁBAMOS A TODOS LOS CLIENTES. AL FINAL NOS PILLARON, Y, ADIVINA A QUIÉN DESPIDIERON. DIRECTAMENTE, CLARO, FUE AXL...
WASTED
CORREN VARIAS HISTORIAS SOBRE CÓMO SE JUNTARON GUNS N'ROSES FINALMENTE Y EMPEZARON A SUBIR A LA CIMA MÁS ALTA DEL ROCK.

ES ALGO ASÍ... OLE BENCH Y ROB GARDNER ESTABAN EN EL GRUPO INICIAL CON AXL Y TRACII GUNS...
IZZY VOLVIÓ AL REBAÑO Y SE UNIÓ A AXL, QUE ENTONCES JUNTÓ LOS NOMBRES Y ELIGIÓ GUNS N'ROSES DE LOS NOMBRES DE LA GUNS Y HOLLYWOOD ROSE.
DUFF VINO Y SUSTITUYÓ A OLE BENCH AL BAJO. TAMBIÉN HABÍA OTRO GRUPO POR AHÍ LLAMADO ROSE... Y AÚN OTRO GRUPO PUNK LLAMADO ROSE TATTOO.
TRACII TUVO UNA FUERTE DISCUSIÓN CON AXL Y ANTES DE QUE TRACII LE ECHARA, AXL HUYÓ...
AXL VINO Y ME PIDIÓ QUE EMPEZARA A ESCRIBIR CON IZZY PARA VER CÓMO IBA... AUNQUE IZZY ESTABA METIDO EN LA HEROÍNA PERSIAN BROWN, AÚN CONTROLABA. ERA EL CHICO AL QUE IR SI QUERÍAS CABALLO DE ALTA CALIDAD.

ÉRAMOS LAS RATAS DE ALCANTARILLA DE LA MÚSICA... SIN PLANES, NI POSTUREO, NI LAMER CULOS A LAS COMPAÑÍAS DISCOGRÁFICAS...
ÉRAMOS EL TIPO DE TÍOS QUE DABAN UN NO COMO RESPUESTA... LA MUERTE ANTES QUE EL COMPROMISO...
PUEDE QUE FUÉRAMOS UN POCO ARROGANTES... DESPUÉS DE TOCAR TRES CANCIONES QUE HABÍAMOS ENSAYADO YA PENSAMOS QUE ESTÁBAMOS LISTOS PARA UNA GIRA. DUFF DIJO QUE PODÍA CONSEGUIRNOS ALGO DESDE SACRAMENTO SUBIENDO HASTA SEATTLE.
ENTONCES...
1984 FUE UN AÑO DE TRANSICIÓN EN TÉRMINOS MACROCÓSMICOS Y MICROCÓSMICOS. EN TÉRMINOS MACROCÓSMICOS...
...MUSICALMENTE EL PANORAMA ESTABA CAMBIANDO, CON LA MTV REALMENTE INTEGRADA Y LA MÚSICA SIENDO ALGO QUE SE PODÍA TANTO MIRAR COMO ESCUCHAR...
MIGHT AS WELL GO AHEAD AND JUMP!
JUMP!!!

Y EN EL ESCENARIO MUNDIAL, REAGAN ERA REELEGIDO CON UNA MAYORÍA APLASTANTE... GORBACHEV EN RUSIA OBSERVABA EL PROCESO...
ERA EL TIEMPO DE LA REAGACONOMÍA... LA TEORÍA DEL GOTEO DE LA MIERDA ECONÓMICA...
EL DINERO DE LOS SUPERRICOS NO GOTEA PARA MEJORAR LA ECONOMÍA... SINO QUE TIENDE A SER AMASADO Y RESGUARDADO EN PARAÍSOS FISCALES CON UN EFECTO NEGATIVO EN LA ECONOMÍA LOCAL. PERO RONNIE ESTABA BIEN AISLADO...
EL FUTURO NO PERTENECE A LOS PUSILÁNIMES SINO QUE PERTENECE A LOS VALIENTES...
EN TÉRMINOS MICROCÓSMICOS...
...REALMENTE NECESITÁBAMOS UNA PAUSA.

EL TROUBADOUR HABÍA SIDO EL CLUB CENTRAL EN LA ANTES, A FINALES DE LOS SESENTA Y EN LOS SETENTA, PERO NOSOTROS ÉRAMOS UNA NUEVA OLA DE ESTRELLAS Y LO REABRIMOS EN 1985...
¡VENGA, TÍO! CÓMPRANOS UNA ENTRADA PARA EL CONCIERTO... LAS TENGO A CINCO O DIEZ PAVOS CADA UNA...
EN ESE MOMENTO TOCÁBAMOS LOS FINES DE SEMANA. UN CONCIERTO EN PARTICULAR TOMÓ IMPORTANCIA... 6 DE JUNIO DE 1985 EN EL TROUBADOUR... NUESTRO PRIMER CONCIERTO "OFICIAL" COMO GUNS N'ROSES. ÉRAMOS ESTRELLAS DEL ROCK, PERO SOLO EN HOLLYWOOD...
DESPUÉS DE ESTE BOLO FUE CUANDO HICIMOS EL VIAJE LOCO A SEATTLE... NOS PAGARON 50 DE LOS 250$ PROMETIDOS Y NOS VIO UN PÚBLICO DE TRECE PERSONAS...
FUMAR CABALLO PASÓ DE IZZY A SLASH... PERO ÉL CONTROLABA, IGUAL QUE IZZY... POR LO MENOS DE MOMENTO.

IZZY SLASH DUFF
AXL
TWO FREE ADMISSIONS WITH THIS FLYER
ONSTAGE AND IN FULL EFFECT...

CONTINUAMOS E HICIMOS LA GIRA QUE HABÍA CONTRATADO DUFF. CON SUS CONTACTOS, DUFF NOS HABÍA CONSEGUIDO ALGUNAS FECHAS. DE CAMINO, NUESTRA FURGO MURIÓ EN BAKERSFIELD, ASÍ QUE DEJAMOS A NUESTRO EQUIPO, DANNY Y JOE, CON NUESTROS INSTRUMENTOS Y SEGUIMOS ADELANTE... NUESTRO CONDUCTOR ESTABA ZUMBADO, TÍO... SE METÍA *SPEED* PARA CONTINUAR DESPIERTO Y CADA VEZ ESTABA MÁS PUESTO...
TENEMOS QUE HUIR DE AQUÍ Y LLEGAR A SEATTLE SIN ESTE TÍO AL VOLANTE...
HICIMOS AUTOESTOP EN SEATTLE PARA INTENTAR TERMINAR NUESTRA “GIRA”... EL ÚLTIMO CONCIERTO... PERO NO CONSEGUIMOS QUE LLEGARAN LOS INSTRUMENTOS.
5 NORTH
Seattle
DONNER, UN AMIGO DE DUFF EN SEATTLE, ESTABA ESPERANDO A CINCO TÍOS Y NOS HABÍAMOS COMPROMETIDO. SOLO LLEGAMOS TRES Y ERA UNA ESCENA LLENA DE ALCOHOL Y MARÍA, CON FUMETAS POR TODAS PARTES...
TOCAMOS EN GORILLA GARDENS, UN LOCAL MUY PEQUEÑO CERCA DE FREMONT SEATTLE. ERA UN VERTEDERO DIGNO DE CUALQUIER ROEDOR QUE SE PRECIE.
FUE AQUELLA NOCHE TOCANDO EN ESE AGUJERO QUE SE CIMENTÓ EL ELENCO DE GUNS N’ROSES... ESE VIAJE Y LAS ADVERSIDADES NOS UNIERON.
GUNS and ROSES
Featuring ex-Ten Minute Warning member Duff McKagan
WITH FASTBACKS
plus 5150
SAT., JUNE 8
ROCK THEATER
GORILLA GARDENS
EL ANTIGUO GRUPO DE DUFF, THE FASTBACKS, FUERON LOS TELONEROS, Y LA GENTE ESTABA MUY CONTENTA DE VOLVER A VER A DUFF.

ESTUVIMOS UN RATO PIDIENDO MONEDAS EN SEATTLE ANTES DE ESCAPARNOS DE ALLÍ. VOLVIMOS VÍA SACRAMENTO CON UNA AMIGA, JILL, LA NOVIA DE GREG, Y CONDUJIMOS DIRECTAMENTE A LA SIN PARAR.
ESTÁBAMOS EUFÓRICOS. RECUPERAMOS LOS INSTRUMENTOS. Y, AUNQUE NOS PERDIMOS UN PAR DE CONCIERTOS, HABÍAMOS LLEGADO A SEATTLE DE UNA PIEZA Y VOLVIMOS A NUESTRO CUARTEL GENERAL. FUE NUESTRA PRUEBA DE FUEGO QUE HIZO QUE EL GRUPO CONTINUARA. ROMPER EL MOLDE PARA HACER UN MOLDE...
GALLY'S
UN IMBÉCIL CHOCÓ LATERALMENTE CONTRA NOSOTROS A CIEN POR HORA CUANDO GIRÁBAMOS EN UN CRUCE. STEVIE SE ROMPIÓ EL TOBILLO... TODOS NOS GOLPEAMOS MENOS SLASH.
CUANDO EL GRUPO EMPEZABA A ESTAR UNIDO, CASI MUERE UNIDO... Y NADIE SE HABRÍA PREOCUPADO NI ENTERADO...
DESPUÉS DE TODO, CONSEGUIMOS UN LOCAL DE ENSAYO EN SANTA MONICA, CERCA DE GARDNER STREET. EN EL 1139 DE FULLER AVENUE PARA SER EXACTOS. DOS TÍOS, WEST ARKEEN Y DEL JAMES, NOS LO ALQUILARON... NO ES QUE PAGÁRAMOS JAMÁS EL ALQUILER. LA BAUTIZAMOS COMO LA CASA INFERNAL. DABA MUCHO MIEDO... PARECÍA LA CASA DE LA PELI *PSYCHO*.

TÍO, TIRAMOS ESA CASA INFERNAL AL SUELO... VIVÍAMOS A BASE DE CARTONES DE VINO Y PANECILLOS BARATOS. CUALQUIER PERRO COMÍA MEJOR QUE NOSOTROS. DURANTE ESE TIEMPO, AXL SE VOLVIÓ CADA VEZ MÁS INESTABLE... QUERÍA PELEARSE CON TODOS Y CADA UNO...
¿QUÉ COÑO MIRAS, HIJO DE PUTA?
ESTÁBAMOS EMPEZANDO A TENER NUESTRO PÚBLICO. TOCÁBAMOS LOS LUNES POR LA NOCHE EN EL TROUBADOUR... LA NOCHE DE LOS PARADOS... PERO PRONTO NOS PASARON A LOS MARTES...
POCO A POCO NOS HICIMOS NUESTRA REPUTACIÓN Y NUESTROS SEGUIDORES... ASÍ QUE, ¡BIENVENIDOS A LA JUNGLA! NOS HICIMOS EL GRUPO ESTRELLA EN EL TROUBADOUR — ¡
TENÍAMOS EL FACTOR SORPRESA, EL CARISMA... SLASH Y AXL SUPURABAN ROCK'N'ROLL POR LOS POROS. LOS CINCO PARECÍAMOS UN GRUPO DE VERDAD, NO INTÉRPRETES DE ESTUDIO NI ACCIDENTES QUE ACABABAN EN EL MISMO ESCENARIO.
DARK HEART

BLACK RANDY CONSIGUIÓ ALGO DE PASTA PARA UNA DEMO... HABÍAMOS ESTADO EN EL GRUPO METRO SQUAD EN LA. RANDY NOS AYUDÓ, TÍO, PERO LA PALMÓ DE SIDA MESES DESPUÉS... PERO NOS AYUDÓ A PRODUCIR Y FUE UNA PIEZA MUY IMPORTANTE DE NUESTRO ENGRANAJE. NOS ENCANTABA "LONER WITH A BONER", UNO DE LOS LANZAMIENTOS MÁS MOLONES DE RANDY.
OYE, LA DEMO SUENA GUAY, TÍO... LA ESCUCHAMOS CON UN CARTÓN DE VINO QUE COSTABA UN PAVO POR BOTELLA, ASÍ QUE POR CINCO PAVOS ESTÁBAMOS TODOS... ESA ERA NUESTRA MEDICINA FAVORITA...
LOS CAZATALENTOS ESTABAN AL ALZA... NOSOTROS ESTÁBAMOS ACTUANDO MUCHO POR AQUEL ENTONCES, PERO VIVÍAMOS DE HUMO Y ESPEJISMOS...
NO ME PUEDO CREER QUE ESTÉ COCINANDO LA HAMBURGUESA CON LAS BAQUETAS, TÍO... VOY A TENER QUE ROBAR OTRO PAR PRONTO, PORQUE ESTÁN CARBONIZADAS, COLEGA.
FINALES DE 1985, HABÍAMOS TOCADO EN EL WHISKY A GO GO, ROXY, WATER CLUB, SCREAM Y RADIO CITY EN ANAHEIM... ¡ESTÁBAMOS EN BOCA DE TODOS!
The
...OADWAY
...LYWOOD

NO NOS PODÍAMOS CREER A ALGUNOS GILIPOLLAS DE LAS GRANDES DISCOGRÁFICAS. NOS CONQUISTABAN CON CENAS, QUE ESTABA MUY BIEN PARA SEGUIR VIVOS, ENTONCES UN CAPULLO DE CHRYSALIS NOS OFRECIÓ 750.000 $ SIN SIQUIERA HABERNOS ESCUCHADO. TÍO, ¡A TOMAR POR CULO! ESO AL PRINCIPIO...
EL BOCA A BOCA IBA CRECIENDO... LO PETÁBAMOS EN CONCIERTO... NO ERA POSTUREO... ÍBAMOS EN SERIO. NUESTRO PÚBLICO YA LLEGABA A 700 POR AQUEL ENTONCES EN LOS LOCALES...
TODOS LOS FRACASADOS DE LOS OTROS GRUPOS DE SUNSET BOULEVARD VINIERON... DIMOS CAÑA A LOS DOS AMPLIS MARSHALL Y NOS PUDIERON ESCUCHAR A MÁS DE DIEZ PUTAS MANZANAS.
PUEDE PARECER QUE SE NOS IBA LA OLLA, PERO MIENTRAS TODA LA LOCURA PASABA, SE SUMABAN CEROS A CHRYSALIS Y GEFFEN. HABLABAN DE MUCHA PASTA Y ABRÍAN SUS TALONARIOS...
reel great ales
AXL MANTENÍA LOS PIES EN EL SUELO MIENTRAS LA GUERRA DE PUJAS CONTINUABA. TOM ZUTAUT DE GEFFEN CADA VEZ TENÍA A AXL MÁS Y MÁS ARRINCONADO...
ESTE CHICO NO PARECE MUY LISTO... MÁS COMO UN ANIMAL DE LA JUNGLA AFRICANA. PERO VOY A OFRECERLE UN CONTRATO CON GEFFEN.
JUNKYARD

MIRA… TRÁENOS AQUÍ MISMO UN CHEQUE DE 75.000 $ EL VIERNES POR LA NOCHE Y FIRMAMOS CONTIGO.
¡VALE! ESPERA MI LLAMADA Y NO FIRMES CON NADIE MÁS. ¿ME OYES? TUS CHICOS SON LOS HIJOS DE PUTA MÁS RUIDOSOS QUE HE ESCUCHADO JAMÁS…
EDDIE, ESCÚCHAME… VAN A SER EL GRUPO MÁS GRANDE DE ROCK'N'ROLL DEL MUNDO… ¡JODER! ¿CUÁNTAS VECES HAS ESCUCHADO ESO? PERO ESTA VEZ VA EN SERIO, TÍO…
DAVID GEFFEN, AL FRENTE DEL SELLO, SOLTÓ UNA CARCAJADA… ERA UNA CARCAJADA A "¿CUÁNTAS VECES?".
EDDIE ROSENBLATT ME HA DICHO QUE LE LLAMASTE… OYE TOM, ¿TE DAS CUENTA QUE VAS A APOSTAR TU CARRERA A ESTE GRUPO, VERDAD?

TOM, TÍO, LA HE CAGADO... LE DIJE A LA CAZATALENTOS DE CHRYSALIS QUE SI CAMINABA DESNUDA DESDE SU OFICINA EN SUNSET BOULEVARD A TOWER RECORDS FIRMARÍAMOS CON ELLOS...
AXL, ¿QUÉ COÑO, TÍO? ¿VOY A PERDER EL TRATO POR ESTO? ESTÁBAMOS A PUNTO DE CERRAR EL TRATO, JODER. ¡NO PUEDES HACER ESTO!
EN LA PARCELA 619 HICIMOS FIESTAS Y TOCAMOS ALGUNAS HORAS... ATRAJIMOS UNA AMPLIA REPRESENTACIÓN DE *FRIKIS*, TÍAS BUENAS Y ASPIRANTES A ROCKEROS.
NO ERA TODO BUENO, A VECES HABÍA QUE LLAMAR A LAS AMBULANCIAS POR ALGUNA SOBREDOSIS... ALGUNOS COLGADOS NO SABÍAN COLGARSE TAN BIEN...
25 DE MARZO DE 1986. GEFFEN RECORDS, SUNSET BOULEVARD.
FIRMAMOS NUESTRO CONTRATO CON GEFFEN.

HABÍA MUJERES POR TODAS PARTES... Y ÉRAMOS TÍOS JÓVENES DE SANGRE CALIENTE. ERA ORGIÁSTICO, EN VERDAD... DESPUÉS DE FIRMAR, NECESITÁBAMOS DESAHOGARNOS... PERO TAMBIÉN LO HABÍAMOS NECESITADO ANTES DE FIRMAR...
NOS ASEGURAMOS QUE FUERAN VISIBLES TAMBIÉN, EN LOS CONCIERTOS REPARTÍAN FLYERS Y CONSEGUÍAN METER AL PÚBLICO EN LAS LISTAS DE CORREO. TENÍAMOS UNA MISIÓN... MARC CANTER, NUESTRO BUEN AMIGO, NOS AYUDÓ CUANDO HABÍA QUE PAGAR PARA ACTUAR... Y TAMBIÉN HIZO FOTOS AL GRUPO SIEMPRE QUE HABÍA LA OPORTUNIDAD.
¡VAMOS! VEN Y APÚNTATE A LA LISTA DE CORREO DE GUNS N'ROSES...
WORTH THE HASSLE

"NUESTRAS" CHICAS BAILABAN EN EL CLUB DE STRIPTEASE SEVENTH VEIL, LUEGO SE PASABAN POR NUESTRA CASA Y DESPUÉS BAILABAN EN EL ESCENARIO DE NUESTROS CONCIERTOS...
HABÍA QUAALUDES, HIERBA, COCA, SPEED, VALIUMS Y ALCOHOL POR TODAS PARTES...
Seventh Veil
GIRLS GIRLS GIRLS
ATM
MOTEL HOTEL
MAKE YOURSELF RIGHT AT HOME
GIRLS GIRLS GIRLS
TAMBIÉN PODÍAS ENCONTRARNOS, SI PODÍAS VERNOS EN LA NEBLINA, PASANDO EL RATO EN LA CANTINA EL COMPADRE EN SUNSET... NOS GUSTABA QUEDARNOS POR LA ZONA.
AÚN FRECUENTÁBAMOS LOS SITIOS DE SIEMPRE... EL COMPADRE EN SUNSET ERA OTRO LUGAR FAVORITO. HICE ALGUNOS TRATOS ALLÍ Y PODÍA CALMARME DE LA LOCURA DE LA CASA INFERNAL...
IZZY SE QUEDABA CON SUS AMIGOS EN LA PLANTA BAJA, PASANDO EL RATO CON LAS CUCARACHAS DE LA CASA INFERNAL. PODÍA ESTAR DESMAYADO Y COLOCADO HASTA TRES DÍAS SEGUIDOS A VECES.

LA GENTE EMPEZÓ A HABLAR DE NUESTRAS VIDAS LOCAS. LA CASA EN NORTH FULLER EMPEZÓ A LLAMAR DEMASIADO LA ATENCIÓN... A VECES TENÍAMOS A 500 TÍOS DE FIESTA ALLÍ. LES VENDÍAMOS BIRRAS A UN PAVO DESDE LA FURGO.
MIENTRAS, DURANTE TODO ESTE TIEMPO, SEGUIMOS ENSAYANDO E INCLUSO NOS REBAJAMOS A FUNK SUDOROSO. NOS MOLABA "WORD UP" DE CAMEO...
PRETTY LADIES AROUND THE WORLD...
AXL ESTABA OBSESIONADO CON EL CINE DE TERROR DE SERIE B Y EL PORNO MALO, TAMBIÉN LE ENCANTABA VER A SID VICIOUS EN LA MTV... LO VEÍA UNA Y OTRA VEZ...
ENCANTARÍA QUE EL PRODUCTOR DE LOS SEX PISTOLS, BILL PRICE, TRABAJARA EN NUESTRO SONIDO, AGRESIVO A TOPE...

ESPERÁBAMOS QUE LLEGARA EL ANTICIPO DEL TRATO. TUVIMOS QUE EVITAR A NUESTROS CAMELLOS, YA QUE LES DEBÍAMOS DINERO Y TAMBIÉN QUERÍAMOS CONTINUAR CON DEDOS Y MANOS Y BRAZOS Y PIERNAS. LOS NECESITÁBAMOS PARA NUESTRO TRABAJO DIARIO...
LOS ABOGADOS TUVIERON QUE OCUPARSE DE MUCHOS PROBLEMAS... LOS ANTECEDENTES DE AXL... SLASH NO QUERÍA QUE DAVID GEFFEN SUPIERA QUIÉN ERA SU PADRE... TAMBIÉN HABÍA UN PROBLEMA CON EL NOMBRE DE AXL.... ¿CUÁL ERA EN REALIDAD? Y ENCIMA ESCRIBIERON MAL EL NOMBRE DE SLASH, APROPIADAMENTE, COMO "STASH" EN EL CONTRATO AL PRINCIPIO...
AHORA NOS PODÍAMOS PERMITIR EL DESAYUNO EN HAMBURGER HAMLET CADA DÍA.
28 DE MARZO DE 1986 E ÍBAMOS GANANDO. DOS CONCIERTOS DE LA CASA EN EL ROXY AGOTARON ENTRADAS.
DANCE YOR ASS OFF/DRINK YOUR FACE OFF/GET YOUR ROCKS OFF/ GUNS N' ROSES 2 SHOWS/8 & 10PM/ROXY THEATER

BIENVENIDOS AL ROXY. ¿ESTÁIS TODOS BIEN Y RELAJADOS? GRACIAS POR VENIR...
PERO ES LA POLICÍA, TÍOS... ¡¡¡ESTA CANCIÓN SE LLAMA "THEY'RE OUT TO GET ME"!!!
LO ESTAMOS PETANDO EN EL ESCENARIO... BIENVENIDO A NUESTRA JUNGLA...
...WE GOT FUN AND GAMES...
EN SERIO, LO ESTÁBAMOS PETANDO...
...IF YOU GOT THE MONEY, HONEY... WE GOT YOUR DISEASE
LOS APAGONES EN EL ESCENARIO ERAN MUY GUAYS... YA QUE TENÍAMOS QUE ESNIFAR ALGO DE FARLOPA DE LOS AMPLIS Y LOS CONTROLES...

MI PADRASTRO, STEPHEN BAILEY, VIENE DESDE INDIANA A VERME. ME PREGUNTO POR QUÉ... ¿QUÉ QUERRÁ DESPUÉS DE TODO ESTE TIEMPO? PROBABLEMENTE VA A INTENTAR CONTROLARME Y HACER SUS MIERDAS...
ARNIE STIEFEL ERA UN ANTIGUO EMPRESARIO DE HOLLYWOOD... LLEVABA AL CANTANTE ROD STEWART, ENTRE OTROS. LE INTERESABA GESTIONAR AL GRUPO Y COMO GESTO DE BUENA VOLUNTAD NOS PRESTÓ UNA CASA ALQUILADA... ¡MAL MOVIMIENTO, ARNOLD!
SE DESMADRABAN CON LAS DROGAS Y SE VOLVÍAN LOCOS... ERA REPUGNANTE. EL SITIO ESTABA LLENO DE MIERDA, LITERALMENTE, TIRABAN LA BASURA POR TODAS PARTES.
STIEFEL SE FUE A DISGUSTO CON UNA FACTURA DE REPARACIONES POR VALOR DE 22.000$.

VICKY HAMILTON NOS CONTRATABA LOS CONCIERTOS, PERO NECESITÁBAMOS UN REPRESENTANTE EN SERIO. NUESTRO COMPORTAMIENTO ESTABA TAN FUERA DE CONTROL QUE LLEGABA A SER PROBLEMÁTICO. NOS MUDAMOS A UN NUEVO LUGAR EN FOUNTAIN AVENUE EN WEST HOLLYWOOD PERO NUESTRAS FIESTAS LOCAS TODA LA NOCHE PRONTO BAJARON EL VALOR DE LAS CASAS DE LA ZONA.
POBRE VICKY, LA HICIMOS CURRAR VEINTICUATRO HORAS AL DÍA... FUE SUPERIMPORTANTE ESOS PRIMEROS DÍAS. SU APOYO... LOS CONTRATOS... LA ENTRADA DE EFECTIVO... TODO EN REALIDAD...
BEEN THERE...

TIM COLLINS, QUE LLEVABA A AEROSMITH, SONABA CON FUERZA PARA SER NUESTRO REPRESENTANTE... CON LA PRESIÓN DE TOM ZUTAUT Y MÁS DE DAVID GEFFEN, QUE ERA TAN ADMIRADO COMO TEMIDO EN LA INDUSTRIA. TIM ESTABA INTENTANDO REPARAR LOS DAÑOS COLATERALES A AEROSMITH, CON SUS PROBLEMAS DE ADICCIÓN Y LA CAÍDA DE SU TRAYECTORIA.
JOE PERRY, EL GUITARRISTA DE AEROSMITH, NO QUERÍA QUE YO LLEVARA A ESTOS TÍOS YA QUE LES HABÍA ESTADO PILLANDO HIERBA ANTES... YO ESTABA EN PLENA MISIÓN PARA LIMPIAR EL CAMINO A AEROSMITH. LAS DROGAS Y EL ALCOHOL HABÍAN JODIDO AL GRUPO TOTALMENTE.
TIM INTENTÓ CALMAR LOS PROBLEMAS DE GESTIÓN CON GUNS N'ROSES PERO SE HIZO EVIDENTE QUE TODO ESTABA FUERA DE SU CONTROL. AÚN ASÍ, NUESTROS CAMINOS SE CRUZARÍAN CON ÉL Y CON AEROSMITH UN POCO MÁS ALLÁ EN EL CAMINO...
OYE JOE, TÍO, ME VOY DE AQUÍ. LES HE INVITADO AL HOTEL LE DUFY Y UNO DE ELLOS SE HA ENCERRADO EN EL BAÑO MÁS DE CUATRO HORAS. NO PUEDO CON ESTOS PERTURBADOS. TODO ESTO ES UNA PUTA MIERDA... MÍA Y VUESTRA, Y NUESTRA SOBRIEDAD ESTÁ EN JUEGO. TAMBIÉN SE CORRIERON UNA JUERGA A MI CUENTA DE MÁS DE CUATRO CIENTOS CINCUENTA PAVOS MIENTRAS YO DORMÍA...

LOS REPRESENTANTES EN POTENCIA Y PRODUCTORES TAMBIÉN INCLUÍAN A KIM FOWLEY, QUIEN, CUANDO RECHAZAMOS SUS ANTICIPOS, QUERÍA COMPRAR LA CANCIÓN "WELCOME TO THE JUNGLE" POR 10.000 $. TAMBIÉN LO RECHAZAMOS. EL PRODUCTOR DE MÖTLEY CRUE, TOM WERMAN, TAMBIÉN SUPO DE NOSOTROS, NOS ODIÓ Y SE FUE...
Denny's
$ 10,000.00
COMO PRECURSOR DE NUESTRO INMINENTE ÁLBUM, GEFFEN SACÓ UN EP LLAMADO *LIVE ?!*@ LIKE A SUICIDE*. ERA UN LANZAMIENTO INDEPENDIENTE Y PARA RETENER A LOS FANS MIENTRAS QUE EL ÁLBUM EN SÍ AÚN NO SALÍA...
LO SACAMOS EN EL SELLO UZI SUICIDE, QUE ERA COMO UN SUB-SELLO DE GEFFEN... DOS ORIGINALES Y DOS VERSIONES. "RECKLESS LIFE", "MOVE TO THE CITY", QUE ERAN NUESTRAS Y "NICE BOYS" Y "MAMA KIN" DE ROSE TATTOO Y AEROSMITH RESPECTIVAMENTE. TAMBIÉN NOS ASEGURAMOS QUE LA INTRO TE DESPERTARA...
EL EP ES UNA MIERDA COMPARADO CON EL DISCO QUE SALDRÁ... ES LA MIERDA MÁS FORZADA QUE HEMOS HECHO. NO ES UN DISCO EN DIRECTO. SI PIENSAS QUE LO ES, ESTÁS LOCO. LO QUE HICIMOS FUE METERNOS EN UN CUARTO Y GRABARNOS Y LUEGO AÑADIR A 50.000 PERSONAS CHILLANDO POR ENCIMA.
HEY FUCKERS SUCK ON GUNS AND FUCKING ROSES!
LOS QUE PULULABAN A NUESTRO ALREDEDOR CAMBIABAN CADA DÍA... IGUAL QUE LAS DROGAS. ENTRÓ EN EL ESCENARIO LA COCAÍNA EN FORMA DE CRACK...
¡HOSTIA, TÍO! ESTO ES OTRO ROLLO... ME SIENTO COMO DIOS. PUEDO HACER LO QUE QUIERA. MÉTEME OTRA VEZ, TÍO... ¡ESTO ES DEMASIADOOO!

EL PRIMER DÍA QUE ME CHUTÉ HEROÍNA CAMBIÓ MI VIDA PARA SIEMPRE, TÍO. ERA LO MÁS RÁPIDO... ERA LA ÚNICA FORMA DE COLOCARME... RÁPIDO Y SIN DESPERDICIAR NI DINERO NI DROGAS.
ANTES FUNCIONABA EL WHISKY... PERO UNA NOCHE, UNA AMIGA ME LIÓ, CARGÓ LA AGUJA Y ME LA INYECTÓ... SENTÍ ESA PAZ INTERNA... ERA EL MEJOR SENTIMIENTO...
EL CRACK ME DABA RETORTIJONES ENSEGUIDA... ME ENCONTRABA FATAL PERO QUERÍA MÁS... PROBARLO FUE GRATIS, PERO TUVE QUE PAGAR POR ELLO DE POR VIDA.
¡DIOS! ¿CUÁNTO TIEMPO HE ESTADO ALLÍ... FUMANDO ESA PIPA? QUIERO MÁS, TÍO... ¡JODER! QUÉ RÁPIDO SUBE...
Marshall
REQUERÍA UNA MEDICINA FIABLE DE INMEDIATO... AUTOPISTA AL CRÁNEO...
NECESITABA ALGÚN TREN NOCTURNO PARA EQUILIBRARME. ¿PUEDES CREERLO? ESTA MIERDA ME EQUILIBRA Y ESTA MIERDA ES MORTAL...

AXL ROSE EVITABA A LOS POLIS ENTONCES. LO BUSCABAN PARA INTERROGARLO SOBRE UN PRESUNTO CARGO DE VIOLACIÓN ALGO EXAGERADA. AL FINAL RETIRARON LOS CARGOS, PERO LOS HECHOS INSPIRARON UNA CANCIÓN GENIAL "OUT TO GET ME".
IVAR A
1500 N.
ESTE CARGO ES FALSO, PERO VOY A ESCONDERME HASTA QUE LO RETIREN. SIEMPRE TENGO A LOS POLIS DETRÁS DE MÍ...
HABÍAMOS TELONEADO AL SEÑOR ALICE COOPER EN SANTA BARBARA Y NUESTRO HORARIO DE CONCIERTOS ESTABA A TOPE. AXL NO PUDO ENTRAR AL RECINTO ESTA NOCHE YA QUE SU NOMBRE NO FIGURABA EN LA LISTA, ASÍ QUE TUVIMOS QUE ACTUAR SIN ÉL.
ALICE COOPER ESTABA CABREANDO A TODO EL MUNDO CON SUS PAYASADAS. SU GENIAL DISCO *CONSTRICTOR* SALIÓ POR AQUÉL ENTONCES... Y EL FUROR QUE HABÍA CAUSADO AL EMPEZAR, AÚN AGUANTABA.
EL ADELANTO DE DINERO FUE GENIAL, PERO LO ESTÁBAMOS GASTANDO MUY RÁPIDO. AXL A VECES ESCONDÍA SU DINERO DEBAJO DEL SOFÁ EN CASA DE VICKY HAMILTON, EN UN CALCETÍN ENROLLADO. SOLUCIONAMOS TODOS LOS PROBLEMAS DE DERECHOS Y DIVIDIMOS EL RESULTADO A PARTES IGUALES.
TENGO 7.500 $ ESCONDIDOS EN MIS NUEVAS BOTAS DE COWBOY...

31 DE OCTUBRE DE 1986. TELONEAMOS A RED HOT CHILI PEPPERS... TAMBIÉN HENRY ROLLINS DE BLACK FLAG NOS DIO SU APROBACIÓN, NOS DIO EL OK. ESTOS TÍOS HABÍAN ESTADO JUNTOS MÁS DE UNA DÉCADA Y TENÍAN MÁXIMA CREDIBILIDAD.
ESTOS TÍOS SON LA BOMBA... SON AUTÉNTICOS... ESTÁN DEJANDO POR LOS SUELOS A TODOS LOS DEMÁS...
DESTROY
MORE THAN SOUL
LA BÚSQUEDA DE UN PRODUCTOR QUE NO QUISIERA UN MILLÓN DE DÓLARES PARA ENTRAR EN EL ESTUDIO Y QUEDARSE UNA PARTE DE NUESTROS FUTUROS DERECHOS AÚN CONTINUABA... FINALMENTE MIKE CLINK, QUE HABÍA TRABAJADO CON TRIUMPH (UN GRUPO QUE NI NOS GUSTABA) DIJO QUE SE MORÍA DE GANAS DE TRABAJAR CON NOSOTROS.
MIKE CLINK QUERÍA GRABARNOS EN DIRECTO Y SIN TRUCOS DE ESTUDIO... SOLO ROCK'N'ROLL LLEVADO HASTA EL LÍMITE. YA HABÍAMOS ESCRITO LA MAYORÍA DE LAS DOCE CANCIONES MIENTRAS HACÍAMOS CONCIERTOS, PASÁBAMOS EL RATO Y ENSAYÁBAMOS... BASTANTE BIEN PARA SER CINCO DEGENERADOS.
QUERÍAMOS RECONFIGURAR EL MUNDO DEL ROCK CON ESTE DISCO. LOS OCHENTA IBAN SOBRE UN SONIDO PULIDO... ¡A LA MIERDA LOS RETOQUES! QUERÍAMOS DEJAR EL DISCO TAL CUAL.
EL MUNDO DEL ROCK SE HA COMIDO UNA MIERDA DESDE LA CAÍDA DE LOS SEX PISTOLS Y ESTAMOS AQUÍ PARA REPARAR EL EQUILIBRIO. NO SOMOS ASPIRANTES, VAMOS EN SERIO...

MARQUEE
HABLANDO DE LOS SEX PISTOLS, HICIMOS UNA ESCAPADA A LONDRES PARA TOCAR EN UN LOCAL LLAMADO MARQUEE.
EN EL PRIMER CONCIERTO EN EL MARQUEE NOS ARROJARON BOTELLAS Y NOS DUCHARON A ESCUPITAJOS, O *GOB* COMO LO LLAMAN LOS BRITÁNICOS. UN PÚBLICO COMPLETAMENTE BORRACHO Y EL CONCIERTO FUE UN DESASTRE.
LA PRENSA BRITÁNICA FUE A MACHETE CONTRA NOSOTROS... NOS METIERON EN UNA MIERDA DE NOTICIAS INVENTADAS. AXL HIZO UN COMENTARIO SOBRE "ODIAR A LOS CANICHES" Y QUIÉN PUEDE CULPARLO... Y DE REPENTE LO EMPIEZAN A LLAMAR "ASESINO DE PERROS". LOS INGLESES ESTÁN LOCOS CON SUS PUTOS PERROS...
EH, CABRONES, ¿QUÉ PASA CON LAS PUTAS BOTELLAS?
UNO DE LOS QUE LLEVABAN EL GARITO EN EL MARQUEE LO RESUMIÓ... VI A MUCHOS GRUPOS INÚTILES DEL LLAMADO *HARD*, PERO CON GUNS N'ROSES RECUERDO PENSAR QUE NO HABÍA VISTO NADA ASÍ ANTES. TENÍAN MUCHA ENERGÍA EN DIRECTO Y ESTABAN MUY UNIDOS, AUNQUE FUERA DEL ESCENARIO PARECÍAN POCO UNIDOS Y UN POCO CAÓTICOS...
DAILY STAR
NOS JUZGÓ EL *THE STAR*, UN TABLOIDE DE MIERDA DE LONDRES. SEGUID CON ESTA MIERDA, GILIPOLLAS, ESTA PUBLICIDAD NOS VIENE GENIAL. HICIMOS TRES CONCIERTOS Y EL ÚLTIMO FUE LO MÁS, ¡EL MEJOR!
22p
EVEN NASTIER THAN THE BEASTIE BOYS!!!

INSPECCIONAMOS EL METRO DE LONDRES... ESTABA EN MARCHA UN VIAJE PARA VER A THE REPLACEMENTS, PERO ACABAMOS COMPLETAMENTE PERDIDOS Y PUTEADOS.
QUÉ GANAS DE MOVER AL PÚBLICO CON FUERZA .... DESPUÉS DE CASI NO TOCAR EL ÚLTIMO AÑO, QUEREMOS SUBIR AL ESCENARIO A TOPE...
FINALMENTE CONSEGUIMOS UN REPRESENTANTE, UN TÍO LLAMADO ALAN NIVEN. INTENTÓ IMPONER ALGO DE ORDEN EN NUESTRO CAOS CALLEJERO. NO HABRÍA DROGAS EN EL ESTUDIO... JACK DANIELS Y CIGARRILLOS VALE, ¡PERO NADA MÁS!
GRABAMOS *APPETITE FOR DESTRUCTION* Y LES DIJE QUE NADA DE DROGAS EN EL ESTUDIO. EMPEZAMOS A GRABAR EN EL ESTUDIO TAKE ONE Y EN ENERO DEL 87 NOS PASAMOS A RUMBO RECORDERS EN CANOGA PARK, EN SAN FERNANDO VALLEY. AXL VOLVIÓ LOCO A TODO EL MUNDO YA QUE PROBABA SUS LETRAS LÍNEA POR LÍNEA EN CADA CANCIÓN.
GEFFEN RECORDS HABÍA ASIGNADO UN ANTICIPO DE LA GRABACIÓN DE 375.000 $ Y ESTÁBAMOS INQUIETOS. SLASH SE PUSO AZUL EN UN MOMENTO DE LA GRABACIÓN... NOS ESTABAN AMENAZANDO CON NO PAGARNOS LA SEGUNDA PARTE DEL ANTICIPO A MENOS QUE EMPEZÁRAMOS A ESTAR LIMPIOS DE DROGAS.
NIVEN ERA DE STRAVINSKY BROS MANAGEMENT Y PROBABLEMENTE PENSÓ QUE NUNCA LO CONSEGUIRÍAMOS... QUE QUIZÁ VENDERÍAMOS 20.000 COPIAS DEL DISCO O ALGO ASÍ...
YO SOLO HABLABA CON IZZY YA QUE ÉRAMOS LOS DOS YONKIS CON EL MONO EN EL GRUPO. A VECES NO SOPORTO FRACASAR... LOS ANGELES ESTABA LLENA DE HEROÍNA POR AQUEL ENTONCES...
BLACK DEATH

TODOS LOS GRUPOS QUERÍAN METERSE EN LA MODA DE LA HEROÍNA... G N'R LE DIO A LA DROGA UN HALO MÍSTICO Y OTORGÓ A LA DROGA MORTAL EMPOLVADA UN POTENCIAL DE ALCANZAR EL ÉXITO EN EL ROCK'N'ROLL

EL CABALLO EQUIVALÍA A LAS VERTIGINOSAS ALTURAS DEL ESTRELLATO DEL ROCK. PERO LA REALIDAD ERA BASTANTE MÁS MISERABLE Y SÓRDIDA.

21 DE JULIO DE 1987. FINALMENTE SALIÓ A LA VENTA NUESTRO AUTOBIOGRÁFICO DEBUT APPETITE FOR DESTRUCTION. SE PUSO EN MARCHA UNA CAMPAÑA Y ENTONCES...
GUNS N' ROSES
APPETITE FOR DESTRUCTION
PARENTAL ADVISORY EXPLICIT CONTENT
NADA
METIERON LA CARÁTULA ORIGINAL DE ROBERT WILLIAMS DENTRO DE UNA SEGUNDA CARÁTULA YA QUE LA PRIMERA ERA DEMASIADO CONTROVERTIDA Y MUCHAS TIENDAS SE NEGABAN A TENERLA... INCLUSO AUNQUE LA METIERAN EN BOLSAS.
HABÍAMOS CONSEGUIDO EMBOTELLAR LA INTENSIDAD DEL GRUPO EN LA GRABACIÓN... ERA DURO, RUDO Y MEZQUINO.
PARENTAL ADVISORY EXPLICIT CONTENT
EMPEZAMOS A TOCAR DE NUEVO EN EARNEST. ORGANIZAMOS UNA SERIE DE FECHAS CON THE CULT Y SU CANTANTE IAN ASTBURY ESTABA EN NUESTRO CAMERINO TODO EL TIEMPO.

ESTÁBAMOS PETÁNDOLO CON LOS CONCIERTOS Y EN ATLANTA, GEORGIA, CASI HAY UNA REVUELTA CUANDO AXL SUPUESTAMENTE PEGÓ A UN SEGURATA ANTES DEL CONCIERTO. LA POLICÍA TOMÓ EL ESCENARIO Y TODO SE SUMABA A NUESTRA CREDIBILIDAD CON LOS FANS.
NOS METIMOS A GRABAR UN VIDEO PARA "WELCOME TO THE JUNGLE", LO GRABAMOS EN EL PARK PLAZA Y EL 450 DE SOUTH LA BREA DE HOLLYWOOD... TODO ERA "CORRED Y ESPERAD" Y NO ESTÁBAMOS ACOSTUMBRADOS A TANTA PAUSA CON LAS GRABACIONES. LA TOCAMOS SEIS O SIETE VECES ANTES DE CLAVARLA Y LUEGO LA HICIMOS PARA EL PÚBLICO...
EXIT
SLASH ESTABA SALIENDO DEL CABALLO... EL TEMA DE TODD CREW LE HABÍA LLEGADO AL CORAZÓN. TENÍA EL CLÁSICO COMPORTAMIENTO DE ADICTO DE INTERCAMBIAR UNA ADICCIÓN POR OTRA Y EMPEZÓ A NADAR EN UN MAR DE JACK Y OTROS LICORES...
BEBER FUE UN SUSTITUTO Y ME OLVIDÉ UN POCO DEL CABALLO. GRACIAS A DIOS QUE LLEVABA PANTALONES DE PIEL, QUE ERAN MÁS TOLERANTES... YA QUE ESTABA EN EL TEMA DE MEARME MUCHO ENCIMA, MUCHAS VECES...
HABÍA GROUPIES EN TODAS PARTES EN LA GIRA. ESTABAN AHÍ A POR TODAS EN ARIZONA... DABAN IGUALDAD DE OPORTUNIDADES: ERAN GROUPIES PARA CUALQUIER GRUPO EN CUALQUIER MOMENTO. SE LA CHUPABAN Y SE FOLLABAN A CUALQUIERA TODO EL RATO.
ESTUVIMOS DE GIRA TODO EL AÑO... 1987 ESTUVO LLENO DE CONCIERTOS Y ESTUVIMOS TELONEANDO A THE CULT.

DE SEPTIEMBRE DE 1987. ÉRAMOS UNA FUERZA FUNDAMENTAL EN EL TEATRO AL AIRE LIBRE SDSU DE SAN DIEGO. AXL OFRECIÓ AL PÚBLICO UNA SABIA RECOMENDACIÓN...
TENGO UN CONSEJO. SI NO TIENES PASTA Y QUIERES EMBORRACHARTE, BUSCA ESAS LICORERÍAS DONDE VAN LOS ENTENDIDOS, YA SABES. Y JUSTO DETRÁS DEL THUNDERBIRD ENCONTRARÁS UNA BOTELLA DE NIGHT TRAIN... ESTO TE EMBORRACHARÁ EL DOBLE QUE EL THUNDERBIRD Y SOLO CUESTA UN PAVO. SI TE BEBES UN CUARTO, NO ME IMPORTA LO MALOTE QUE SEAS, TE VAS A DESMAYAR. ESTA CANCIÓN SE LLAMA "NIGHT TRAIN"...
AXL NO ESTABA CONTROLANDO LAS COSAS CON SUS IMPROPERIOS...
NO PARECÍA IMPORTARLE QUÉ O A QUIÉN OFENDÍA.
VAMOS A TOCAR UN TEMA LLAMADO "MOVE TO THE CITY"... YA SABES, ANTES DE QUE HAGAMOS LA CANCIÓN QUIERO DECIR QUE ALGUNOS DE LA VIEJA GENERACIÓN DE ESTRELLAS DEL ROCK DIJERON MUCHA MIERDA SOBRE G N'R... PERO ESCUCHA, G N'R SOLO QUEREMOS SER NOSOTROS MISMOS Y LA GENTE COMO PAUL STANLEY DE KISS PUEDE COMERME EL RABO... Y ESOS VIEJOS QUE DICEN QUE LOS ESTAMOS ESTAFANDO, QUIZÁ DEBERÍAN ESCUCHAR SUS PRIMEROS DISCOS Y RECORDAR CÓMO TOCARLOS...
STEVE ADLER Y SU ADICCIÓN A LA HEROÍNA AÚN ERA UN PROBLEMA. STEVE NOS DEJÓ TIRADOS. FUE Y LE DIO UN PUÑETAZO A UNA PARED JUSTO ANTES DE UN CONCIERTO EN MICHIGAN Y TUVIMOS QUE PILLAR AL BATERÍA FRED COURY DE CINDERELLA PARA SUBSTITUIRLO TEMPORALMENTE.
FRED TOCABA TÉCNICAMENTE BIEN Y FIRME, PERO LAS CANCIONES SONABAN FATAL. LAS HABÍAMOS ESCRITO CON STEVE TOCANDO LA BATERÍA Y SU SENTIDO DEL RITMO ERA EL TIRA Y AFLOJA QUE DABA SENTIDO A LAS CANCIONES. HUBIERA PREFERIDO CONTINUAR CON STEVE, PERO NO PODÍAMOS ESPERAR MÁS. Y ÉL NO ESTABA LISTO PARA DESENGANCHARSE.

EL 23 DE DICIEMBRE EN EL HOTEL FRANKLIN PLAZA NUESTRO AMIGO NIKKI SIXX DE MÖTLEY CRUE CASI ROZÓ EL DESASTRE. ANTES ESA MISMA NOCHE, SIXX LLEGÓ AL HOTEL DE SLASH Y SACÓ ALGUNAS BOLSAS DE CABALLO...
EN EL HOTEL, EL CAMELLO LE VENDIÓ "DULCE" HEROÍNA PERSIAN BROWN. CUANDO SE CAYÓ DE LA SILLA Y SE PUSO AZUL, STEVE ADLER LO ARRASTRÓ A LA DUCHA Y LE TIRÓ UN CHORRO DE AGUA FRÍA. LAS NOTICIAS FILTRARON QUE SIXX ESTABA MUERTO... OTRO TRÁGICO Y FATAL GIRO DEL DESTINO...
NIKKI TENÍA OTRAS IDEAS... TENÍA SALUD DE UNA FORMA UN TANTO EXTRAÑA... LA LOCURA DEL ROCK'N'ROLL ESTABA EN SU APOGEO. MIENTRAS ESTABA TUMBADO CONECTADO A TUBOS EN EL HOSPITAL, UN POLI LO INTERROGABA. LE DIJO AL POLI QUE SE FUERA A LA MIERDA Y SE FUE DEL HOSPITAL TAMBALEÁNDOSE, SORPRENDIENDO A DOS FANS QUE PENSABAN QUE ESTABA MUERTO. ELLOS LO LLEVARON A CASA...
SIENTO QUE SE ME ESTÁ PUDRIENDO LA PIEL... HUELO A MIERDA Y MI MIERDA CADA VEZ TIENE MÁS SANGRE. ES COMO SI FUERA A ROMPER A LLORAR EN CUALQUIER MOMENTO... TENGO UN MONTÓN DE ROPA EN EL ARMARIO CON MIERDA POR ENCIMA. ¿CÓMO PUEDE SER? LLAMÉ A RECEPCIÓN DEL HOTEL ANOCHE EN TOKYO Y ME QUEJÉ PORQUE TENÍA A FANS LLAMANDO A LA VENTANA. ¡JODER! ¡QUE ESTOY EN EL PISO 26!
ME LLAMO DOC MCGHEE. YO SIEMPRE RECIBÍA LLAMADAS FRENÉTICAS DE MADRUGADA.
NIKKI SIEMPRE VEÍA A ENANOS Y MEXICANOS CORRIENDO ALREDEDOR DE SU CASA... O LA POLICÍA DE LA ME LLAMABA PORQUE LOS HABÍA LLAMADO EL VECINO PARA DENUNCIAR QUE ÉL ESTABA ARRASTRÁNDOSE POR SU JARDÍN EN PLENA NOCHE. CON UNA ESCOPETA. ESTA MIERDA PASABA DOS VECES POR SEMANA...
A SLASH LE TOCÓ MUCHO PERO NO DEL TODO LA EXPERIENCIA CASI MORTAL DE NIKKI. Y SIGUIÓ EN LA MISMA LÍNEA...
EL AÑO CONTINUÓ CON CUATRO GRANDES CONCIERTOS EN EL PERKINS PALACE DE PASADENA... AUNQUE STEVE SE QUEDÓ FUERA CON LA MANO ROTA.

EMPEZAMOS EL AÑO CON AXL DEJANDO EL GRUPO...
SIMPLEMENTE SE FUE.
Y VOLVIÓ A LOS TRES DÍAS...
Y GRABAMOS OTRO VIDEO PARA "SWEET CHILD O'MINE" EN HUNTINGTON, CALIFORNIA.
DE ENERO A JUNIO TELONEAMOS A IRON MAIDEN. NOS ODIÁBAMOS MÚTUAMENTE. NI SIQUIERA NOS DIRIGÍAMOS LA PALABRA AL TERMINAR ESA GIRA.
EL RESTO DEL AÑO LO PASAMOS TELONEANDO A AEROSMITH EN SU GIRA PERMANENTE DE VACACIONES. ESTALLAMOS DURANTE ESA GIRA Y EL 6 DE AGOSTO *APPETITE FOR DESTRUCTION* LLEGÓ AL NÚMERO UNO DURANTE TRES SEMANAS, CASI UN AÑO DESPUÉS DE SU LANZAMIENTO.
AL FINAL DE LA GIRA, GUNS N'ROSES ERAN GIGANTES... BÁSICAMENTE ESTALLARON. ESTÁBAMOS TODOS CABREADOS PORQUE LA *ROLLING STONE* VINO PARA ESCRIBIR UN ARTÍCULO SOBRE MI GRUPO, AEROSMITH, PERO GUNS N'ROSES ACABARON DE PORTADA DE LA REVISTA... DE REPENTE, LOS TELONEROS ERAN MÁS GRANDES QUE NOSOTROS. PERO NOS DABAN LÁSTIMA. PRIMERO, ESTABAN TAN JODIDOS QUE ERA RIDÍCULO. SEGUNDO, SU ESTÚPIDO REPRESENTANTE HABÍA NEGOCIADO UN MAL TRATO. TERCERO, VIAJABAN COMO GITANOS, SUS VIEJAS MALETAS SE SUJETABAN CON CUERDAS Y CINTA AISLANTE. AL FINAL DE LA GIRA LES COMPRAMOS UNAS HALLIBURTON, Y SU REPRESENTANTE LO TOMÓ COMO UN INSULTO.
Billboard
ATIONAL NEWSWEEKLY OF MUSIC AND HOME ENTERTAINMENT
1 APPETITE FOR DESTRUCTION Guns N' Roses
2 HYSTERIA Def Leppard
3 ROLL WITH IT Steve Winwood
4 TRACY CHAPMAN Tracy Chapman
5 DIRTY DANCING Soundtrack
6 OU812 Van Halen
7 FAITH Geourge Michael
8 HE'S THE D.J., I'M THE RAPPER D.J. Jazzy Jeff
9 POISON Say Ahhh..!
MORE DIRTY
EL 10 DE SEPTIEMBRE LLEGAMOS AL NÚMERO 1 DE LA LISTA *BILLBOARD* CON EL SINGLE "SWEET CHILD O'MINE".
CREÍA QUE LA MELODÍA ERA MUY ESTÚPIDA Y ODIABA TOCARLA, PERO RESULTÓ SER NUESTRA CANCIÓN MÁS FAMOSA. A AXL LE MOLABA YA QUE LAS LETRAS ERAN SOBRE SU CHICA, ERIN EVERLY, Y LUEGO ESTABAN LOS COROS DE IZZY... BUENO, SUPONGO QUE EL RESULTADO HABLA POR SÍ MISMO. LO MÁS RARO ES ESCUCHAR VERSIONES DE "SWEET CHILD O'MINE" COMO HILO MUSICAL EN CENTROS COMERCIALES Y ASCENSORES. INCLUSO LA HE ESCUCHADO EN ARPA. HACE POCO ESTABA EN UN HOTEL Y EL PIANISTA DE LA SALA LA ESTABA TOCANDO. TENGO SENTIMIENTOS ENCONTRADOS CUANDO ESO PASA...

ESE AÑO AXL PERDIÓ LA VOZ EN UN PAR DE FECHAS Y EL PÚBLICO SE PUSO NERVIOSO.
20 DE AGOSTO DE 1988. APARECIMOS EN EL FESTIVAL MONSTERS OF ROCK EN CASTLE DONINGTON EN REINO UNIDO. SE DIJO QUE HABÍA MÁS DE 120.000 PERSONAS DE PÚBLICO, QUE AUMENTARON DURANTE NUESTRO CONCIERTO, Y DOS FANS, LANDON SIGGERS Y ALAN DICK MURIERON APLASTADOS ESA TARDE. NOS PUSIMOS MUY TRISTES...
?
EL ESTILO DE VIDA CONTINUÓ RÁPIDAMENTE. HABÍA ENTRADO DINERO. LAS BOCAS CONTINUARON CERRADAS.
ESTABA SALIENDO CON UNA ACTRIZ PORNO Y TAMBIÉN VEÍA A ESTA DULCE LOLITA YONKI... ESTÁBAMOS TODOS PREOCUPADOS POR EL SIDA... ERA COMO, SI NO ME PILLA EL ALCOHOL, LO HARÁ EL SIDA. INCLUSO DESCUBRÍ QUE HABÍA ESTADO CON UNA ESTRELLA PORNO QUE HABÍA GRABADO CON LA ESTRELLA SUPREMA JOHN HOLMES. YO TENÍA MIEDO A PERDER EL CONTROL...
WHISKEY
RollingStone
GUNS N' ROSES
HARD-ROCK HEROES
*G N'R LIES*, NUESTRO SECUNDO DISCO, SALIÓ EN NOVIEMBRE Y LLEVABA ALGUNAS CANCIONES ACÚSTICAS QUE HABÍAMOS HECHO A PRINCIPIOS DE AÑO Y TAMBIÉN ALGUNAS CANCIONES DE *LIVE?! @ LIKE A SUICIDE*. DE REPENTE LLEGÓ AL NÚMERO DOS DE LA LISTA *BILLBOARD*. ¿NO ÍBAMOS A EQUIVOCARNOS?

ENTONCES, SOMOS NÚMERO UNO... LOS JEFES... CREO QUE LA ÚNICA RAZÓN PARA LLEGAR A NÚMERO UNO ES PORQUE LLENAMOS ALGUNA ESPECIE DE HUECO. SÉ DE SOBRAS QUE LA ÚNICA RAZÓN POR LA QUE *APPETITE* VA TAN BIEN ES PORQUE LLEGÓ EN EL MOMENTO Y SITIO ADECUADO Y SALIERON CHISPAS... ES LA ÚNICA COSA A LA QUE PUEDO ATRIBUIRLO.
NO ES PORQUE TODAS LAS CANCIONES SEAN TEMAZOS. ES LA ÚLTIMA COSA QUE SON... SON SOLO UN MONTÓN DE CANCIONES DE SUCIO ROCK'N'ROLL. ASÍ QUE SOMOS EL GRUPO RESIDENTE DE SUCIO ROCK EN LA CIUDAD AHORA MISMO. TODO EL MUNDO QUIERE TENER ESE DISCO PORQUE NO ES NADA SEGURO... Y QUEDA BIEN AL LADO DE GEORGE MICHAEL EN SU PROPIA COLECCIÓN. ¡JAJA!
A VER, QUE ESTÁ MUY BIEN PODERME PERMITIR UN APARTAMENTO Y SABER CUÁL ES MI SITUACIÓN FINANCIERA. PERO NO NECESITO NADA DE ESTO PARA ESCRIBIR CANCIONES, Y ESO ES LO QUE CUENTA PARA MÍ.
CINCUENTA Y SIETE SEMANAS DESPUÉS Y CON *APPETITE* LLEGANDO AL NÚMERO UNO... TENÍAMOS DOS DISCOS EN EL TOP 5... PERO LLEGÓ PUBLICIDAD NEGATIVA POR LAS LETRAS DE UNA CANCIÓN LLAMADA "ONE IN A MILLION".
LO MÁXIMO QUE HAGO ES, DE CAMINO AL TROUBADOUR EN EL BARRIO GAY, EN SANTA MONICA BOULEARD, GRITAR DESDE LA VENTA DEL COCHE "¿POR QUÉ NO OS GUSTAN LOS COÑOS?", PORQUE ESTOY CONFUNDIDO. NO LO ENTIENDO. ¿ANTI HOMOSEXUAL? YO NO ESTOY EN CONTRA DE QUE HAGAN LO QUE QUIERAN MIENTRAS NO HAGAN DAÑO A NADIE NI ME OBLIGUEN A ELLO. NO NECESITO QUE ME LO RESTRIEGUEN POR LA CARA O, PERDÓN POR LA BROMA, POR EL CULO...
MNE
CUANDO USO LA PALABRA INMIGRANTES, HABLO DE IR A UNA TIENDA 7-ELEVEN O ALGO ASÍ - MUCHA GENTE DE IRÁN, PAKISTÁN, CHINA, JAPÓN, ETC CONSIGUEN TRABAJOS ALLÍ - ¡Y TE TRATAN COMO A UN EXTRAÑO! ¡ME HA PERSEGUIDO POR UNA TIENDA UN IRANÍ DE DOS METROS CON UN CUCHILLO DE CARNICERO PORQUE NO LE GUSTABA LA FORMA EN LA QUE VESTÍAMOS! Y POR ESO ESCRIBÍ SOBRE INMIGRANTES.
ARRANCAMOS 1989 EN EL SHRINE AUDITORIUM DE LA PARA LOS AMERICAN MUSIC AWARDS, CON DON HENLEY A LA BATERÍA. GANAMOS EL PREMIO AL MEJOR SENCILLO DE POP CON "SWEET CHILD O'MINE". TOCAMOS LA CANCIÓN "PATIENCE", QUE NOS ENCANTABA... Y LA GRABAMOS EN EL RECORD PLANT Y EN EL AMBASSADOR EN FEBRERO.
I BEEN WALKIN' THE STREETS AT NIGHT...

EL TORBELLINO DE RUMORES CONTINUABA GIRANDO ALREDEDOR DEL GRUPO. NOS PILLÓ UNA VORÁGINE QUE FUE DIFÍCIL DE COMPRENDER...
NO ME PERMITIRÍA ENGANCHARME... TOMARÍA COCA TRES DÍAS Y MI CEREBRO DIRÍA "JODER, NO". TENDRÍA LA SENSACIÓN FÍSICA DE SABER QUÉ NECESITA MI CUERPO, Y ME NEGARÍA A TOMAR MÁS COCA... PORQUE SÉ QUE SI LO HICIERA, NO PODRÍA ALCANZAR MIS OBJETIVOS CON EL GRUPO.
Y LO MISMO CON LA HEROÍNA. LA TOMÉ DURANTE TRES SEMANAS Y LO PASÉ COMO NUNCA PORQUE ESTABA CON LA CHICA CON LA QUE QUERÍA ESTAR EN UN PISO PRECIOSO Y ESTUVIMOS SENTADOS ESCUCHANDO A LED ZEPPELIN, TOMANDO DROGAS Y FOLLANDO. LO DEJÉ EL, CREO QUE, SÁBADO, PORQUE TENÍA COSAS SERIAS QUE HACER EL LUNES. ME SENTÍA COMO UNA MIERDA, SUDADO, TEMBLOROSO, PERO EL LUNES PUDE FUNCIONAR. NO ME PUEDO ESCONDER EN LAS DROGAS...
CON EL DINERO LLEGARON LAS DEMANDAS, Y LAS ASPEREZAS EMPEZARON A SALIR A ESCENA.
TUVE QUE DEMANDARLES PARA RECUPERAR MIS GASTOS. ES EL CUENTO DE SIEMPRE... EXCEPTO DUFF, TODOS ESTUVIERON VIVIENDO DE PRESTADO EN MI APARTAMENTO EN CLARK STREET EN WEST HOLLYWOOD TODOS ESOS AÑOS. PERO, YA SABES, NO PUEDO HABLAR DE ELLO YA QUE HE FIRMADO UNA ORDEN DE CONFIDENCIALIDAD. PERO AÚN SOY AMIGA DE LA MAYORÍA DE ELLOS...
VICKY HAMILTON ERA UNA MUJER QUE BÁSICAMENTE TENÍA UN MONOPOLIO CONTRATANDO GRUPOS PARA EL ROSY Y EL WHISKY. Y NECESITÁBAMOS ESOS CONCIERTOS. TAMBIÉN NECESITÁBAMOS DÓNDE VIVIR. ELLA DIJO QUE NOS CONSEGUIRÍA LOS 25.000 $ QUE NECESITÁBAMOS PARA TENER EL EQUIPO Y EMPEZAR A ACERCARNOS AL SONIDO QUE QUERÍAMOS...
NUNCA NOS CONSIGUIÓ EL DINERO. ENTONCES, CON UN CONCIERTO IMPORTANTE CERCA, HICIMOS UN TRATO CON GEFFEN POR 35,000 $, QUE SIGNIFICABA QUE NO TENÍAMOS QUE FIRMAR CON ELLOS PERO TENÍAMOS QUE DEVOLVER EL DINERO.
AHORA VICKY RECLAMA QUE FUE NUESTRA REPRESENTANTE. DICE QUE INVIRTIÓ 100.000 $ Y QUE DEBERÍA RECIBIR PARTE DE LOS BENEFICIOS QUE TENGAMOS. UN AÑO MÁS TARDE NOS DEMANDÓ POR UN MILLÓN DE DÓLARES. NO QUERÍAMOS IR A JUICIO, PAGAR ABOGADOS, TASAS, GASTOS DE JUICIO Y MÁS MIERDA. LA POBRE VICKY QUEDARÍA GENIAL DELANTE DE UN JUEZ, Y GUNS N'ROSES PARECERÍAN UNOS MIERDAS, Y PERDERÍAN. ASÍ QUE CERRAMOS UN ACUERDO POR 30.000 $ DE LOS QUE GEFFEN PAGÓ LA MITAD.
ESE SEPTIEMBRE, DUFF, SLASH Y STEVEN FUERON A CHICAGO TRES MESES. EMPEZARON A TRABAJAR EN LA PRÓXIMA GRABACIÓN, PERO NO SE TERMINÓ NADA... PORQUE AXL Y IZZY NI APARECIERON POR CHICAGO.
AXL CONTINUÓ EXPLICANDO SU POSICIÓN ACTUAL. NO QUIERO VER CÓMO LAS DROGAS ROMPEN EL GRUPO. ESTOY EN CONTRA CUANDO LLEGA TAN LEJOS. AHORA MISMO, PARA MÍ UNA RAYA DE COCA ES DEMASIADO... UNA SIMPLE RAYA DE COCA DEJA MI VOZ FUERA DE JUEGO UNA SEMANA.

MÁS TARDE ESE AÑO ESTUVIMOS TELONEANDO A LOS MÁS FAMOSOS DE LOS MÁS FAMOSOS. NOS PREGUNTAMOS SI AXL TOMÓ GRANDES IDEAS SOBRE CONTROL VIENDO A JAGGER SER EL JEFE EN LOS ENSAYOS DE LOS STONES.
HEMOS TENIDO A ESTOS TÍOS SIGUIÉNDONOS Y VOLVIERON A LA COSTA ESTE A RETOCARSE LOS TATUAJES. ME GUSTARÍA PRESENTAR A AXL ROSE Y IZZY STRADLIN DE GUNS N'ROSES.
LET'S DRINK TO THE SALT OF THE EARTH...
SE ROMPIERON ALGUNOS LÍMITES Y SE DIJERON COSAS QUE DEBERÍAN HABER PERMANECIDO A PUERTA CERRADA.... ENTONCES LOS CHICOS PROMETIERON ESTAR LIMPIOS...
ODIO HACER ESTO EN DIRECTO. PERO HE INTENTADO TODAS LAS PUTAS FORMAS POSIBLES... Y A MENOS QUE ALGUNAS PERSONAS EN ESTE GRUPO ACLAREN SUS MIERDAS, ESTE VA A SER EL ÚLTIMO PUTO CONCIERTO DE GUNS N'ROSES. PORQUE ESTOY CANSADO DE VER A TANTA GENTE DE AQUÍ BAILANDO CON EL MALDITO SEÑOR BROWNSTONE.
SE HICIERON MUCHAS PROMESAS... ¿IMAGINAS SI SE CUMPLIERON?

REAPARECIMOS A PRINCIPIOS DE 1990 EN LOS AMERICAN MUSIC AWARDS. SLASH HIZO ALGUNAS INCURSIONES VERBALES DURANTE SU DISCURSO DE ACEPTACIÓN QUE HICIERON SALTAR LAS CHISPAS DE UN MODO MÁS ROCKERO....
ESTAMOS ENSAYANDO Y ESO Y ESCUCHAMOS DISCOS DE RAP... PASAMOS POR NUESTROS PROBLEMAS PERSONALES Y DEMÁS... QUIERO DAR LAS GRACIAS AL ***PIP*** TOM ZUTAUT POR DEJARNOS ESTAR AQUÍ...
EL ESTILO DE VIDA CONTINUÓ RÁPIDAMENTE. ENTRÓ MÁS DINERO. LAS BOCAS CALLARON... MÁS O MENOS.
...RUMOURS...
...INNUENDO...
...PARANOIA...
...DISTRUST...
...ADDICTIONS...
ESE JULIO TUVIMOS QUE DESPEDIR A STEVIE. NO PODÍAMOS ACEPTAR SU ESTADO ATURDIDO POR LAS DROGAS Y NOS SENTIMOS FATAL. HABÍA HECHO SU ÚLTIMO CONCIERTO ESE ABRIL... NOS FRENABA Y TUVIMOS QUE SOLTARLO.

RECKLESS LIFE
The
BROADWAY
HOLLYWOOD
American
Broadcasting
Company

DE CAMINO A LA INEVITABLE SEPARACIÓN, STEVE TUVO UNA SOBREDOSIS CUANDO ESTÁBAMOS GRABANDO EN EL CEMENTERIO FOREST LAWN PARA SALIR POSIBLEMENTE EN LA PELI THE DEAD POOL. FUIMOS PARA LO QUE IBA A TENER UNA GRAN COBERTURA.
LA SEPARACIÓN LA FORMA UNA SERIE DE EVENTOS... UN CATÁLOGO DE TRAICIONES... UN GIRO A UN BORROSO CALLEJÓN SIN SALIDA...
VOY A VOLVER... VOY A VOLVER A... ¿DÓNDE ESTÁBAMOS? RECUERDO A ESA CHICA Y RECUERDO ESE CHUTE...
TÍO, EL SEÑOR BROWNSTONE ES UN AMANTE CELOSO Y SE LLEVA A TODO EL MUNDO LEJOS DE MÍ. TÍO, ESTOY TAN ENGANCHADO... PERO, YA SABES... LO HE PILLADO... LO HE PILLADO...
TÍO, ESTUVISTE CERCA, STEVE.
HABÍA OPINIONES DIVERSAS, PERO EL REPRESENTANTE ALAN NIVEN FUE FRANCO: "EN LO QUE A MÍ CONCIERNE, ESA MIERDA DE QUE LO DESPIDIERON POR SU ADICCIÓN ES ESO... MIERDA. FUE UN TEMA DE RENDIMIENTO... Y HABÍA MÁS COSAS ENTRE STEVEN Y AXL QUE NO AYUDARON, Y YA HABRÍAN SIDO SUFICIENTES POR SI MISMAS PARA VERLO FUERA. CREO QUE EL GRUPO NUNCA FUE EL MISMO DESPUÉS DE QUE STEVE SE MARCHARA. QUIZÁ NO ES EL MEJOR BATERÍA DEL MUNDO, PERO TENÍA MUCHO ENTUSIASMO AL TOCAR CUANDO ESTABA BIEN.
ESTUVO CERCA, PERO STEVEN NO TRIUNFÓ... LE DIERON LA PATADA EL 11 DE JULIO DE 1990... YA NO ESTABA EN GUNS N'ROSES. STEVEN HABÍA IDO MÁS ALLÁ Y HABÍA FIRMADO ALGUNOS PAPELES ESTANDO FUERA DE SÍ...
FUIMOS Y CONSEGUIMOS A MATT SORUM DE THE CULT PARA LA BATERÍA. TOCÓ Y LE DIO MUY FUERTE, CON UN BOMBO GENIAL TAMBIÉN. Y NO SE METÍA CABALLO... ¡ESTABA DENTRO!

AXL SE CASÓ CON ERIN EVERLY EN LAS VEGAS. EL MATRIMONIO DURÓ NUEVE MESES... MÁS O MENOS... TODO IBA MUY RÁPIDO Y SE VOLVÍA BORROSO...
AXL ROSE
¡¡DE UN GILIPOLLAS!!
Piensa en mí cuando te limpies el culo...
Te soy fiel... Ya sabías dónde te metías
desde el principio...
No tienes que tomártelo así -
Debería haberlo sabido -
Nunca me di cuenta de cuánto te
preocupabas por mí y me querías...
A veces soy un imbécil insensible...
A Erin - Siento que tu cumpleaños
fuera una mierda,
con amor, Axl
SE DIJO QUE DURANTE ALGUNA DE LAS IMPREDECIBLES RABIETAS DE AXL, COGIÓ UNA PISTOLA, DESTROZÓ TODO LO DE ERIN Y ARRANCÓ EL TELÉFONO DE LA PARED.
HAY TANTA RABIA EN ÉL... QUIZÁ LE FUE FÁCIL TOMARLA CONMIGO... ¿QUÉ FUE LA ÚLTIMA VEZ? ¿ALGO DE QUE LIMPIÉ SU COLECCIÓN DE CDS? NO PODÍA AGUANTARLO MÁS... ME ESTABA MURIENDO POR DENTRO. EN LA PUERTA ME GIRÉ Y LE DIJE "QUIERO QUE ME MIRES PORQUE NUNCA MÁS VAS A VOLVER A VERME." Y NUNCA MÁS LO HA HECHO...
EN SEPTIEMBRE EMPEZAMOS A GRABAR UN NUEVO DISCO... AL FINAL ACABAMOS CON TREINTA Y SEIS CANCIONES.
TUVIMOS ALGUNAS DIFICULTADES PARA CONSEGUIR EL SONIDO FINAL DEL DISCO, ESPECIALMENTE DURANTE LAS REMEZCLAS. REMEZCLAMOS VEINTIUNA CANCIONES CON EL TÉCNICO Y PRODUCTOR BOB CLEARMOUNTAIN, PERO NO SONABAN BIEN, ASÍ QUE DESCARTAMOS LAS MEZCLAS Y EMPEZAMOS DE CERO CON EL TÉCNICO BILL PRICE DE LOS SEX PISTOLS.
CUATRO AÑOS MÁS TARDE, SIN EMBARGO, ERIN EVERLY, AHORA TIENE 28 AÑOS, QUIERE VOLVER A VER A AXL ROSE, POR LO MENOS UNA VEZ MÁS - EN EL TRIBUNAL. EN MARZO LO DENUNCIÓ EN LOS ÁNGELES POR MALTRATO FÍSICO Y PSICOLÓGICO. EN UN MOMENTO DADO, ALEGA QUE ÉL QUITÓ TODAS LAS PUERTAS DEL APARTAMENTO PARA PODER CONTROLAR SUS MOVIMIENTOS. "TENÍA MIEDO CUANDO ÉL ENTRABA, CUANDO SE IBA, CUANDO NO ESTABA" DICE ELLA...
GRAN PARTE DEL MATERIAL DEL DISCO FUE ESCRITO EN GUITARRAS ACÚSTICAS DURANTE UN PAR DE NOCHES EN EL WALNUT HOUSE. FUE DESPUÉS DE VARIOS MESES SIN PRODUCTIVIDAD...

EN EL EXTERIOR, MIRANDO A TRAVÉS DEL TORBELLINO DE MEDIOS, APARENTÁBAMOS SOBRELLEVARLO... ESTAR UNIDOS... PERO EL CASTILLO DE ARENA EMPEZABA A CAER AL MAR. UN ALTERCADO TRAS OTRO EN PÚBLICO... DUFF SE METIÓ EN UNA PELEA EN UN CONCIERTO DESPUÉS DE CORTAR CON SU ÚLTIMA MUJER, MANDY BRIXX... IZZY TUVO SU DÍA EN EL JUZGADO A RAÍZ DE UN CARGO POR ALTERACIÓN DEL ORDEN EN UN AVIÓN, DESPUÉS DE INTERRUMPIR EL VUELO MEANDO EN EL PASILLO...
EL ESTILO DE VIDA NOS SOFOCABA... ¿ERA EL PRINCIPIO DEL FIN? ¿NUESTRO FIN?
NO ES IDEA MÍA LO DE VIAJAR EN DIFERENTES BUSES DE GIRA, PERO NO PUEDO SALIR COMO LOS OTROS CHICOS. NO ES QUE NOS HAYAMOS DEJADO ATRÁS UNOS A OTROS - ANTES VIVÍAMOS JUNTOS - PERO ES DEMASIADO ESTAR SIEMPRE COMO UNA PIÑA...
ESTUDIOS RUMBO, CANOGA PARK. ERA TIEMPO DE GRABAR EN SERIO. RUMBO ERA UN ESTUDIO QUE ELIGIÓ EL PRODUCTOR MIKE CLINK POR SU DISTANCIA FÍSICA DEL AMBIENTE DE HOLLYWOOD. CLINK PENSÓ QUE GRABAR A LOS FAMOSOS ALBOROTADORES DESTRUCTIVOS DE GUNS N'ROSES ALLÍ SIGNIFICABA QUE ERA MENOS PROBABLE QUE SE METIERAN EN PROBLEMAS.
NOS ESTÁBAMOS SEPARANDO MUTUAMENTE... CHOCÁBAMOS PERO NO CONECTÁBAMOS REALMENTE...
TENÍAMOS MÁS DE TREINTA CANCIONES... DEMASIADAS PARA UN SOLO DISCO. EL DISCO SE IBA A LLAMAR *USE YOUR ILLUSION*... POR UN CUADRO QUE AXL VIO EN UNA GALERÍA DE UN TÍO LLAMADO MARK KOSTABI.

UNA CANCIÓN ENCABEZABA EL ÁLBUM, "RIGHT NEXT DOOR TO HELL", ERA SOBRE OTRO DISTURBIO RELACIONADO CON AXL. ROMPIÓ UNA BOTELLA DE VINO EN LA CABEZA DE SU VECINO... Y ESO TERMINÓ CON OTRO ARRESTO Y ACABAR EN LA COMISARÍA DE WEST HOLLYWOOD. OTRO ALTERCADO EN PÚBLICO...
EL AÑO SE CERRÓ, Y EN ENERO DE 1991, MIENTRAS GRABÁBAMOS EL DISCO, ENCONTRAMOS TIEMPO PARA IR AL ROCK IN RIO EN EL ESTADIO DE MARACANÁ EN BRASIL. NO CONCEDIMOS ENTREVISTAS... NOS QUEDAMOS EN EL HOTEL PALACE DE LA PLAYA DE COPACABANA. CUANDO LLEGAMOS Y SALIMOS DEL AVIÓN PARECÍA QUE FUÉRAMOS LOS PUTOS BEATLES... TOCAMOS A TIEMPO Y VOLVIMOS A CASA.
ESTE ÁLBUM VA A SER DIFERENTE. LES GUSTE O NO... ME IMPORTA UNA MIERDA.

MATT SORUM ENCAJÓ PERFECTAMENTE. DELANTE DE 140.000 PERSONAS EN RIO... INCLUSO SALIÓ E HIZO UN SOLO DE BATERÍA.
ACABAMOS TOCANDO PARA 260.000 PERSONAS EN DOS NOCHES. AXL TUVO AL PÚBLICO ESPERANDO DOS HORAS Y CASI EMPIEZA UNA REVUELTA. EN CORCOVADO, LA ESTATUA DEL REDENTOR NOS MIRABA IMPASIBLEMENTE.
ES UNA HONRA PARA EL HOMBRE DEJAR EL CONFLICTO... PERO TODO INSENSATO PELEARÁ... PROVERBIOS 20:3

ESE MAYO, ALAN NIVEN, TODAVÍA NUESTRO REPRESENTANTE, FUE DESPEDIDO Y DOUG GOLDSTEIN VINO EN SU LUGAR. SE DIJO QUE AXL LO OBLIGÓ A IRSE Y NO QUERÍA SACAR EL ÁLBUM PENDIENTE HASTA QUE SE FUERA...
TAL COMO DIJO ALGUIEN DEL NEGOCIO... SI AXL DICE "SALTA", GOLDSTEIN DICE "VALE"...

NIVEN PENSABA QUE LOS FACTORES PRINCIPALES QUE DESTRUÍAN A LOS GRUPOS ERAN LAS MUJERES Y LAS DISCUSIONES SOBRE CÓMO DIVIDIR LOS INGRESOS, ESPECIALMENTE LOS DERECHOS DE AUTOR. Y, POR LO TANTO, RECOMENDABA UNA DIVISIÓN EQUITATIVA DE DERECHOS, ¡PERO NO DE MUJERES!
LA FRACTURA ENTRE AXL Y STEVEN ADLER, POR EJEMPLO, SE AGRAVÓ POR ESTOS DOS FACTORES: DINERO Y UNA MUJER
TODO EL TRABAJO PREPARATORIO PARA *ILLUSION* Y SU GIRA, TODAS LAS RENEGOCIACIONES, TODO ESTABA HECHO. ASÍ QUE YO ERA PRESCINDIBLE... ASÍ DE SIMPLE. VENDÍ MIS DERECHOS A TODAS LAS GANANCIAS ACTUALES Y FUTURAS POR UNA FRACCIÓN DE SU VALOR EN 1991... TAL ERA MI CONDICIÓN, SOLO QUERÍA DESHACERME DE TODOS LOS FUTUROS TRATOS CON AXL Y GOLDSTEIN. ESTABA EN MEADOWLANDS, EN NEW JERSEY, EN 1991... RECIBÍ UNA LLAMADA EN LA OFICINA DE PRODUCCIÓN. ERA AXL. ME DIJO MUY TRANQUILAMENTE "NO PUEDO TRABAJAR MÁS CONTIGO". LE DIJE "SIENTO ESCUCHAR ESO. VOLVERÉ A LOS ANGELES EN DOS DÍAS. VAYAMOS A CENAR Y HABLEMOS DEL TEMA". ESA FUE LA ÚLTIMA VEZ QUE HABLÉ CON ÉL. A DÍA DE HOY NUNCA MÁS HEMOS HABLADO.
YO NO LEVANTABA CABEZA POR AQUEL ENTONCES. MI ACTITUD ERA QUE ME DIERAN EL CHEQUE PARA NO TENER QUE TRATAR CON NADIE JAMÁS. PARECE MUCHO, PERO 3.5 MILLONES DE DÓLARES ES MUCHO MENOS DE LO QUE ME DEBÍAN EN VENTAS DE DISCOS... MUCHÍSIMO MENOS. Y DESPUÉS DE PASAR POR HACIENDA Y MIS SOCIOS SILENCIOSOS, NO ERA TANTO DINERO... PERO NUNCA LO HICE POR DINERO.
SLASH CONSIGUIÓ TIEMPO PARA TOCAR EN EL DISCO *DANGEROUS* DE MICHAEL JACKSON, EN "BLACK AND WHITE" Y EN LA CANCIÓN "GIVE IN TO ME"
ÉRAMOS CERCANOS Y, AUNQUE NOSOTROS ÉRAMOS LA MAYOR BANDA DE ROCK QUE TOCABA EN ESTADIOS, SU ESTRELLATO ESTABA A OTRO NIVEL... ESTABA MUY LEJOS... MÁS ALLÁ DE LO QUE HACÍAMOS O EXPERIMENTÁBAMOS...
DON'T MATTER IF YOU'RE BLACK OR WHITE...
HABÍA TREINTA Y SEIS CANCIONES GRABADAS, Y G N'R EMPEZARON A PENSAR EN EL TÍTULO DEL ÁLBUM. SE BARAJARON *G N'R SUCKS* Y *BUY PRODUCT*, PERO FINALMENTE DECIDIERON LLAMAR AL DISCO *USE YOUR ILLUSION*.
TAMBIÉN HABÍA QUE CONSIDERAR EL FORMATO... LAS TREINTA Y SEIS CANCIONES NO ENTRABAN EN UN SOLO CD. G N'R QUERÍAN SACAR UNA CAJA CON CUATRO CDS, PERO GEFFEN DIJO QUE NO, QUE SERÍA DEMASIADO CARO PARA LOS FANS. DESPUÉS DE MUCHO DISCUTIR, ACORDARON SACAR DOS CDS EL MISMO DÍA Y OTRO MÁS TARDE.
FINALMENTE TERMINAMOS AL HIJO DE PUTA...

HICIMOS CONCIERTOS Y CONCIERTOS Y CONCIERTOS.... EL SELLO, LOS GESTORES Y LOS PROMOTORES SE ESTABAN DEJANDO LA PIEL. CUANDO ESTÁS ARRIBA, TODO EL MUNDO TE QUIERE... CADA VEZ HABÍA MÁS Y MÁS PRESIÓN...
EN UN CONCIERTO EN UNIONDALE, NEW YORK, EL 17 DE JUNIO DEL 91, AXL SE DISCULPÓ A LA MULTITUD REUNIDA POR LLEGAR TARDE.
AXL Y SU COSA DE "LLEGAR TARDE" EMPEZÓ ENTONCES.
SÍ, YA SÉ QUE ES UNA PUTADA. SI TENÉIS QUEJAS, PODÉIS HACERME UN FAVOR... ESCRIBID UNA CARTA SOBRE LO MUCHO QUE OS HA JODIDO Y LA MANDÁIS A GEFFEN RECORDS. DECIDLES A ESA GENTE QUE ME DEJEN EN PUTO PAZ...
EL NUEVO DISCO SE RETRASARÁ DE NUEVO. GEFFEN RECORDS HA DECIDIDO QUE QUIEREN CAMBIAR EL CONTRATO Y YO DECIDO QUE LES JODAN... Y YA QUE NO TENGO TIEMPO DE HACER AMBAS COSAS, VOLVER Y DISCUTIR Y QUEJARME O ESTAR EN LA GIRA, CREO QUE ME QUEDARÉ EN LA GIRA Y LO PASAREMOS BIEN Y QUE LES JODAN. ES UNA PENA, PERO... TOCAREMOS MUCHOS DE LOS NUEVOS TEMAS HOY Y NO IMPORTA, ¿VERDAD?
¡EH! ¡PEGAD UNA PUTA PALIZA A CUALQUIERA QUE LANCE COSAS AL ESCENARIO! NO VOY A DEVOLVEROS NADA, SIMPLEMENTE ME VOY A LARGAR...
AQUÍ HAY ALGUNAS CAPTURAS DE ESA LOCURA DE GIRA. 2 DE JULIO DE 1991, TOCAMOS EN EL RIVERPORT PERFORMANCE ARTS CENTRE DE ST LOUIS, MISSOURI, Y AXL VIO A ALGUIEN EN EL PÚBLICO HACIENDO FOTOS.
LOS SEGURATAS NO HAN ECHADO A ESA PERSONA SEGÚN PEDÍ. BUENO, PUES GRACIAS A LOS SEGURATAS DE MIERDA ME VOY A CASA.
SEGUIMOS A AXL FUERA DEL ESCENARIO Y UNA JODIDA REVUELTA SE DESATÓ. QUERÍAMOS VOLVER, PERO NOS AVISARON PARA NO HACERLO. NUESTRO EQUIPO DE SONIDO FUE CONFISCADO Y AXL FUE ACUSADO DE INCITAR PLENAMENTE UNA REVUELTA.
SE APLICÓ EL JODIDO CÓDIGO 100 PARA UNA REVUELTA A GRAN ESCALA... LLEGARON 500 POLICÍAS ANTIDISTURBIOS. DISPARABAN A LA MULTITUD VIOLENTA CON MANGUERAS CONTRAINCENDIOS Y ESPRAY DE PIMIENTA, QUE ERA COMO GAS. TODO LLEGÓ A LOS 200.000 $ EN DESPERFECTOS.
EL 13 DE AGOSTO DE 1991 LA GIRA *GET IN THE RING MOTHERFUCKER* VINO A EUROPA. LLEGAMOS A SUECIA Y AXL CADA VEZ ESTABA MÁS Y MÁS RARO. EN EL PRIMERO DE DOS CONCIERTOS EN JAAHALLI EN HELSINKI CON SKID ROW TELONEÁNDONOS...
CUANDO LLEVÁBAMOS UNA HORA DE CONCIERTO, EN CUANTO EMPIEZA LA INTRO DE "WELCOME TO THE JUNGLE", AXL SE LEVANTA Y SE VA DEL ESCENARIO.
CONTINUAMOS TOCANDO UNA VERSIÓN INSTRUMENTAL DE LA CANCIÓN Y SEGUIMOS CON "14 YEARS", UN SOLO DE BATERÍA Y LUEGO UN SOLO DE GUITARRA... 25 MINUTOS DESPUÉS, AXL VUELVE AL ESCENARIO. EL AMBIENTE ERA SIEMPRE TENSO CON AXL Y SU SÉQUITO DE GUARDAESPALDAS.
SEGURIDAD, ME VOY A CASA...

TODO SE SALIÓ DE MADRE Y EMPEORÓ AÚN MÁS. NOS FOTOGRAFIÓ EL PERIÓDICO SUECO *PAPER EXPRESSEN* Y NO NOS SENTÓ BIEN. LOS GUARDAESPALDAS INTENTARON FRENARLO PERO FALLARON. POR LO MENOS EL PERIÓDICO PUSO UN CINCO SOBRE CINCO A LOS CONCIERTOS. HABÍAMOS AGOTADO ENTRADAS PARA THE GLOBEN EN ESTOCOLMO... ¡SOLO TARDAMOS CUATRO HORAS EN VENDER LAS 13.000 ENTRADAS.
ESTAMOS TAAAAAN A TOPE, TÍO... ESTA GIRA VA A ACABAR CON EL GRUPO O UNO DE NOSOTROS VA A MORIR PRONTO...
NUESTRO BOLO DEL 17 DE AGOSTO EMPEZÓ SUPERTARDE DE NUEVO POR LA SOBERBIA DE AXL... DE CAMINO AL CONCIERTO, PARÓ PARA JUGAR A LA RULETA DURANTE HORA Y MEDIA. DESPUÉS EL BUS TUVO QUE PARAR PARA DEJARLE VER LOS MALDITOS FUEGOS ARTIFICIALES DE ESTOCOLMO. PISAMOS EL ESCENARIO A LAS ONCE.
ESTA SE LLAMA "KNOCKIN' ON HEAVEN'S DOOR"... EN ESTA, TODOS LOS QUE OS HABÉIS ESTADO DURMIENDO DURANTE TODO EL PUTO CONCIERTO PODÉIS CANTAR CON NOSOTROS. SI ESTÁIS ABURRIDOS, PODÍAIS HABEROS AHORRADO EL DINERO E IR A VER LOS FUEGOS ARTIFICIALES ESTA NOCHE.
UN PAR DE DÍAS MÁS TARDE, EL CONCIERTO SE PARÓ PORQUE AXL NO PODÍA SOPORTAR QUE ALGUIEN HUBIERA LANZADO UN PETARDO AL ESCENARIO. DESPUÉS DE QUINCE MINUTOS EL CONCIERTO CONTINUÓ... MÁS SOBERBIA.

20 DE AGOSTO. LLEGAMOS A OSLO. PERO, ¿DÓNDE ESTABA AXL? HABÍA DESAPARECIDO... NADIE SABÍA DÓNDE ESTABA. EL GRUPO SIGUIÓ Y SE REGISTRÓ EN EL GRAND HOTEL.
21 DE AGOSTO. NOS DICEN POR TELÉFONO QUE AXL ESTÁ EN PARÍS... MÁS TARDE, A LAS CINCO O SEIS DE LA PUTA MAÑANA, NOS ENTERAMOS QUE NO LLEGARÍA A TIEMPO PARA EL CONCIERTO ESA NOCHE. EL CONCIERTO EN EL SPEKTRUM DE OSLO SE CANCELA...
ESE AGOSTO TOCAMOS EN FINLANDIA, SUECIA, DINAMARCA Y ALEMANIA, Y ACABAMOS EN EL ESTADIO DE WEMBLEY EN LONDRES. AGOTAMOS MÁS DE 38.000 ENTRADAS EN DOS DÍAS. VENDÍAMOS LAS ENTRADAS MÁS RÁPIDO QUE LOS STONES Y MADONNA.
GUNS N' F***ING ROSES
WEMBLEY F***ING STADIUM
SOLD F***ING OUT
DRUMMERS CAN GO ALL NIGHT
EN SEPTIEMBRE SALIÓ EL DISCO *USE YOUR ILLUSION*... Y EL 5 DE OCTUBRE DE 1991 EL *USE YOUR ILLUSION II* ESTABA EN EL NÚMERO UNO Y LLEGANDO AL TOP 200 DE LA LISTA BILLBOARD. EL DISCO ESTUVO DOS SEMANAS EN LA CIMA DE LA LISTA.

PRONTO PERDIMOS A OTRO MIEMBRO ORIGINAL E IRREEMPLAZABLE DE GUNS N'ROSES. EL 7 DE NOVIEMBRE DE 1991 IZZY STRADLIN DEJÓ GUNS N'ROSES. SU INMEDIATO SUBSTITUTO ERA GILBY CLARKE, QUE HABÍA ESTADO TOCANDO EN LOS MISMOS SITIOS QUE G N'R.

AXL QUERÍA METER A UN TECLISTA LLAMADO DIZZY REED... QUIZÁ PARA AYUDARLO A AFINAR Y LLEGAR A LOS AGUDOS.
DE ABRIL DE 1992. MYRIAD ARENA EN OKLAHOMA CITY. LLEGAMOS DESPUÉS DE TOCAR EN MÉXICO.
¿OS CREÉIS TODA LA MIERDA QUE LEÉIS? ¿OS HABÉIS PREGUNTADO POR QUÉ OS DAN TANTA MIERDA PARA LEER? OS DAN MIERDA PARA LEER PORQUE HAY UN MONTÓN DE JODIDOS IMBÉCILES AHÍ FUERA. PERO ES PRINCIPALMENTE PORQUE NO QUIEREN QUE COSAS ASÍ COMO ESTE CONCIERTO EN OKLAHOMA PASEN. SÍ, HAY MUCHA GENTE QUE NO SABE POR QUÉ HACE LAS COSAS PERO ALGUNAS DE LAS RAZONES DETRÁS DE ESO... PUES NO QUIEREN QUE GENTE COMO VOSOTROS, QUE ESTÁIS AQUÍ ESTA NOCHE, QUE VEÁIS A ALGÚN PEQUEÑO BOCAZAS GRITÓN COMO YO. HAY ALGO AHÍ FUERA QUE NO QUIERE QUE GENTE COMO VOSOTROS OS DEIS CUENTA QUE PODÉIS HACER LO QUE COJONES QUERÁIS CON VUESTRA MALDITA VIDA...
PUEDEN COMERME EL RABO...
CREO QUE EN LO MÁS PROFUNDO DE CADA UNO HAY ALGO QUE SABE QUÉ COÑO TENÉIS QUE HACER CON VUESTRA VIDA... Y NO IMPORTA LO QUE OS DIGAN, SI SEGUÍS MIRANDO Y SEGUÍS BUSCANDO, LO ACABARÉIS ENCONTRANDO... Y YA SÉ QUE NO ES LO MÁS HUMANO, PERO CUANDO PODÁIS, CUANDO SEA MUY DURO, PENSAD EN UNA CANCIÓN QUE ALGUIEN ESCRIBIÓ. EL SEÑOR PAUL MCCARTNEY... Y CUANDO QUIERAN CONTENEROS, AGUANTAD Y PENSAD QUE ALGÚN DÍA ESCAPARÉIS, HARÉIS LO QUE OS DÉ LA GANA Y NO PODRÁN SEGUIR EL MALDITO RITMO DE VUESTRO CULO...
Y PODÉIS PENSAR VIVE Y DEJA VIVIR, GILIPOLLAS...
GUNS N' ROSES
SEGUÍAMOS ATRAYENDO A UN GRAN PÚBLICO. EN EL CANNSTATTER WASSEN DE STUTTGART, ALEMANIA, EL 27 DE MAYO DE 1992, HABÍA 75.000 PERSONAS. LOS CALENTAMOS LLAMÁNDOLOS "BASURA CERVECERA, IDIOTAS CON MERCEDES"...
ESTOY INTENTANDO DEJAR LA PRIVA... ME SIENTO ALGO NERVIOSO, PERO VOY A SEGUIR INTENTÁNDOLO...
20 DE JUNIO DE 1992, WURZBURG, ALEMANIA. UNA DE LAS MAYORES TORMENTAS DE LOS ÚLTIMOS AÑOS LLEGA AL ESCENARIO. 45.000 FANS SON TESTIGOS DE UN ESPECTÁCULO INCREÍBLE EN EL QUE NO SE PUEDEN DISTINGUIR LOS RAYOS DE LA PIROTECNIA. TANTO EL GRUPO COMO EL PÚBLICO ESTÁN CALADOS HASTA LOS HUESOS... EL VAPOR QUE SALE DE LOS QUE ESTÁN APLASTADOS DELANTE IMPIDE QUE LOS DE DETRÁS VEAN SIQUIERA EL ESCENARIO...

ESTÁBAMOS ARREGLANDO FECHAS CON METALLICA PARA UNA GIRA QUE IBA A EMPEZAR EN JULIO, PERO ANTES DE ESO ARRESTARON A AXL...
EL CHICO NUEVO, GILBY CLARKE, ENCAJABA BIEN Y EL GRUPO VOLVÍA A ESTAR UNIDO. TENÍA BUENA FORMACIÓN EN GUITARRA CON LOS GRUPOS KILL FOR THRILLS, BLACKOUTS Y CANDY.
SEGÚN SLASH, YO ERA EL ÚNICO TÍO QUE HIZO LA PRUEBA. SE HABLÓ DE DAVE NAVARRO DE LOS CHILI PEPPERS Y ESTABA EN CONTACTO CON AXL, PERO LE GUSTABAN LAS DROGAS Y ERA LO ÚLTIMO QUE NECESITABAN. YO TENÍA EL ASPECTO, EL ROLLO Y LAS HABILIDADES NECESARIAS...
ESTÁBAMOS PREPARANDO EL LANZAMIENTO DEL NUEVO DISCO... NUESTRO QUINTO. DE BROMA SE LLAMABA *THE SPAGHETTI INCIDENT*... POR UNA PELEA CON COMIDA ENTRE AXL Y STEVE ADLER. MUCHO SE DIJO DE ESTA PELEA CON COMIDA EN LA DEMANDA DE ADLER CONTRA EL GRUPO MÁS TARDE EN 1993, EN LA QUE EL ABOGADO DE ADLER SE REFIRIÓ A ELLA COMO "THE SPAGHETTI INCIDENT".
AXL ESTABA CADA VEZ MÁS AISLADO Y RETRAÍDO SLASH Y AXL SE ESTABAN DISTANCIANDO CADA VEZ MÁS. EL NUEVO REPRESENTANTE DOUG GOLDSTEIN DECÍA A TODO QUE SÍ... EXCLUSIVAMENTE A AXL Y SIN REPRESENTAR A LA BANDA COMO UN CONJUNTO...
FUE POR AQUEL ENTONCES QUE TODOS EMPEZAMOS A CORTAR CON AXL... ÉL ESTABA EN OTRO MUNDO. HABÍA UNA GRAN, GRAN DISTANCIA... YA NO ÉRAMOS UN GRUPO, SOLO UNA PANDILLA QUE SE ENCONTRABA EN EL ESCENARIO. TODOS CREÍAN QUE SE DEBERÍAN HABER IDO CON IZZY.
LOS NIVELES DE PARANOIA CRECIERON AL MÁXIMO. AXL SE COGIÓ A ALGUIEN DESCRITO COMO "VIDENTE" Y ELLA SE UNIÓ AL FLORECIENTE SÉQUITO DEL GRUPO. SE LLAMABA SHARON MAYNARD Y FUE FIJA EN LAS GIRAS Y EN EL CAMPAMENTO GUNS N'ROSES. PRONTO LA EMPEZARON A LLAMAR YODA POR EL PERSONAJE DE STAR WARS.

BOOOOOOO BOOO BOOO BOOO BOOOOOO BOOOOOOOOOOOO
LA GARGANTA DE AXL LLEGÓ AL LÍMITE EN LAS FECHAS CON METALLICA... Y EN OLYMPIC STADIUM EL 8 DE AGOSTO, JAMES HETFIELD SE QUEMÓ EN EL ESCENARIO EN UN ACCIDENTE PIROTÉCNICO. CUANDO AXL ESTABA LISTO PARA SALIR A CANTAR YA HABÍAN PASADO CUATRO HORAS DESDE EL ACCIDENTE DE HETFIELD. PARA QUE LES PAGARAN, GUNS N'ROSES TENÍAN QUE TOCAR NOVENTA MINUTOS, Y LO HICIERON, Y LUEGO AXL SE PIRÓ DE AHÍ... SIN BISES... SOLO LAS LUCES BRILLANTES...
LA GIRA CONTINUÓ CON METALLICA TELONEANDO LOS CONCIERTOS... DEJARON A GUNS N'ROSES AGUANTAR EL CHAPARRÓN POR LOS RETRASOS Y LAS MIERDAS...
EL GRUPO PERDIÓ EL 80% DE LOS INGRESOS DE LA GIRA DEBIDO A LOS PAGOS DE HORAS EXTRAS Y LAS MULTAS POR LOS HORARIOS.
SIEMPRE ESTÁBAMOS PEDO ANTES DE SUBIR AL ESCENARIO. TODA LA ESPERA... TE BEBES UNA PARA CALMARTE... LUEGO OTRA... LUEGO OTRA... DUFF ESTABA FATAL. A VECES A PENAS PODÍA MOVERSE...
BOURBON COUNTY
KURT COBAIN Y NIRVANA ESTABAN A TOPE, Y RECHAZARON TOCAR CON GUNS. AXL HABÍA QUERIDO QUE TOCARAN EN LA FIESTA DE SU TREINTA CUMPLEAÑOS, PERO KURT SE NEGÓ POR COMPLETO. LOS HABÍA "DESPRECIADO" TAMBIÉN, EN LA PRENSA SEGÚN AXL. AXL TENÍA SUS PROPIAS RÉPLICAS. UNA, LANZADA DEDE EL ESCENARIO, SALIÓ EN *VANITY FAIR*, SEGÚN ESO, AXL DIJO QUE "KURT COBAIN ES UN MALDITO YONKI CON UNA ESPOSA YONKI. Y SI EL BEBÉ NACE DEFORMADO, CREO QUE AMBOS DEBERÍAN IR A LA CÁRCEL".
SON GENTE SIN TALENTO. ESCRIBEN ESAS CANCIONES DE MIERDA Y SON EL GRUPO MÁS FAMOSO DEL PLANETA AHORA MISMO. NO LO ENTIENDO...

EN LOS MTV VIDEO MUSIC AWARDS DE 1992, AXL Y COURTNEY LOVE Y KURT COBAIN CASI LA LÍAN...
LO QUE TODOS ELLOS TENÍAN EN COMÚN ERA HABER SIDO UNOS INADAPTADOS EN UN PUEBLO PEQUEÑO...
OYE, AXL, ¿SERÁS EL PADRINO DE NUESTRO HIJO?
VMA
AXL INSISTÍA EN DECIRLE A KURT LO QUE TENÍA QUE HACER.
TÚ CÁLLATE LA PUTA BOCA O TE VAS A COMER EL BORDILLO.
VALE, ZORRA... ¡CÁLLATE!
HAAAA HA HA HA HA
ESO FUE CONTRAPRODUCENTE PARA AXL...LE HIZO PARECER DÉBIL Y LEJOS DE LA REALIDAD CON LA NUEVA GUARDIA, REPRESENTADA POR NIRVANA. AXL, CON STEPHANIE SEYMOUR A REMOLQUE, SE ALEJÓ DE LA MULTITUD CON RISAS RESONANDO EN SUS OÍDOS.
KURT REMARCÓ MÁS TARDE “¡PENSÁBAMOS QUE ÉL ERA SOLO UN CHISTE!”

LA GIRA CONJUNTA CON METALLICA CONTINUÓ... ECHARON A FAITH NO MORE DE LA GIRA Y LOS CINCO ÚLTIMOS CONCIERTOS MOTÖRHEAD Y EL GRUPO DE RAP DE LA BODY COUNT TOCÓ EN SU LUGAR.
TENGO LAS CUERDAS VOCALES FATAL AHORA MISMO... NO SÉ SI VOY A PODER TERMINAR LA GIRA. YA TUVE QUE CANCELAR TRES CONCIERTOS EN JULIO ESTE AÑO CUANDO ME QUEDÉ SIN VOZ.
THE FAMILY PLACE
ROSSITERS
AXL 1
ESTA FORMACIÓN TOCÓ EN SAN FRANCISCO ESE SEPTIEMBRE Y FUE ALLÍ DONDE MURIÓ SLASH. SLASH HABÍA INVITADO A ALGUNOS AMIGOS YONKIS A LA FIESTA DE DESPUÉS EN EL HOTEL. TENÍAN CABALLO Y TENÍAN COCAÍNA... Y SLASH IBA HACIA LA HABITACIÓN DE MATT SORUM...
ERAN SOBRE LAS 6 DE LA MADRUGADA Y SLASH SE DESMAYÓ EN EL PASILLO.
SE PUSO AZUL Y MURIÓ... DURANTE UNOS OCHO MINUTOS... LAS INYECCIONES DE ADRENALINA LO DEVOLVIERON A LA VIDA.
NO ME ARREPIENTO DE LA SOBREDOSIS... PERO ME CABREÉ CONMIGO MISMO POR HABERME MUERTO.
EXIT
LA GIRA CONTINUÓ TODO EL AÑO... LLEGAMOS A TOCAR EN SUDAMÉRICA, EN VENEZUELA, COLOMBIA, CHILE Y ARGENTINA.
TODAS LAS CANCELACIONES Y LOS RETRASOS EN EL ESCENARIO EMPEZARON A COMERSE LA MORAL DE LA GIRA. METALLICA Y JAMES HETFIELD ESTABAN COMPLETAMENTE HARTOS DE G N'R, ESPECIALMENTE DE AXL Y SUS EXIGENCIAS...
AXL POSE, QUÉ GILIPOLLAS, UN COMPLETO IMBÉCIL... SUS INTERMINABLES EXIGENCIAS DE GENTE EN LA CARRETERA... LEER COMO ESTE SUBNORMAL PIDE MÁS CLÁUSULAS EN CAMERINOS ME DA NÁUSEAS...

GILIPOLLAS... TOMAD... COGEDLAS DESPUÉS DE QUE OS DEN EN LA PUTA CABEZA... OS PODÉIS SENTAR.
AXL TENÍA UNA FORMA MUY DIRECTA DE TRATAR CON LAS EXIGENCIAS CONSTANTES DE LOS PAPARAZZIS... TERAPIA EN LA CARA PARA LA AVERSIÓN...
PARA CELEBRAR LAS CONSTANTES PELEAS Y ALBOROTOS EN SU RELACIÓN, STEPHANIE SEYMOUR Y AXL SE PROMETIERON A PRINCIPIOS DE 1993. SIN EMBARGO AXL, QUE SOSPECHABA UNA INFIDELIDAD, LA OBLIGÓ A IRSE DE LA CASA ESE MARZO...
LAS COSAS SE PUSIERON SERIAS Y SE ROMPIÓ EL COMPROMISO. AXL MENCIONÓ QUE QUERÍA QUE LE DEVOLVIERA JOYAS POR VALOR DE 100.000 $, Y ADEMÁS QUE ELLA LO HABÍA ASALTADO, ATACANDO SUS GENITALES LAS ÚLTIMAS NAVIDADES.
TAMBIÉN TRAE A ERIN EVERLY PARA TESTIFICAR DE SU PARTE... YO ESTOY SOLO EN MALIBÚ.
CUANDO EMPEZÓ UN NUEVO AÑO CON LA GIRA... GILBY SE ROMPIÓ LA MUÑECA EN UN ACCIDENTE DE MOTO Y NO PODÍA TOCAR EN NINGUNA FECHA INMINENTE. TANTO SLASH COMO AXL ESTUVIERON DE ACUERDO EN QUE IZZY VOLVIERA. IZZY VOLVIÓ REJUVENECIDO Y FRESCO DE SU PROYECTO JU JU HOUNDS. SE DIJO QUE IZZY RECIBIÓ UN MILLÓN POR LOS SIGUIENTES CINCO CONCIERTOS... BUEN TRABAJO SI LO CONSIGUES...

NOS ADENTRAMOS EN 1993 Y LA GIRA SIGUE INCESANTEMENTE... SIGUE MIENTRAS PUEDAS. DE ENERO A JULIO... UNA DE LAS GIRAS MÁS LARGAS DE LA HISTORIA DEL ROCK. VEINTISIETE PAÍSES Y 192 FECHAS... TOCANDO DELANTE DE MÁS DE SIETE MILLONES DE PERSONAS Y RECAUDANDO OFICIALMENTE SESENTA MILLONES DE DÓLARES.
JANUARY
FEBRUARY
MARCH
APRIL
MAY
JUNE
JULY
23 DE AGOSTO DE 1993. TRIBUNAL SUPERIOR DE LOS ANGELES. AXL ESTÁ AQUÍ PARA TESTIFICAR CONTRA STEVEN ADLER. LA DEMANDA DE OCTUBRE DE 1991 FINALMENTE LLEGA A LOS TRIBUNALES.
STEVEN NO PODÍA TOCAR DEBIDO A SU DROGADICCIÓN. POR EJEMPLO, SU BATERÍA EN LA CANCIÓN "CIVIL WAR" SE EDITÓ A PARTIR DE MÁS DE 60 TOMAS.
POR ENTONCES AXL TAMBIÉN TUVO UN PROBLEMA CON STEVEN ADLER DEBIDO A UNA SITUACIÓN SIMILAR DE DROGAS CON SU FUTURA EXMUJER ERIN.
HABÍA MÁS ANTECEDENTES A ESTO... CUANDO ME ECHARON DE G N'R... ERIN EVERLY HABÍA VENIDO A NUESTRA CASA, IBA CON UN TÍO AL QUE YO CONOCÍA, UN TAL ANDY MCCOY, GUITARRISTA DE HANOI ROCKS. ELLA ESTABA COLOCADA, O ESO PARECÍA... ERIN DIJO QUE ELLA Y AXL HABÍAN TENIDO OTRA PELEA. LA GENTE QUE ESTABA ALLÍ ME DECÍA QUE LE DIERA ALGO. NO LO HICE Y LLAMAMOS A UN MÉDICO... PARECE QUE SE HABÍA METIDO CABALLO.
AXL ME CULPÓ Y QUERÍA MATARME.
24 DE SEPTIEMBRE DE 1993. GUNS N'ROSES FIRMAN UN ACUERDO EXTRAJUDICIAL PARA PAGARLE 2.5 MILLONES DE DÓLARES A STEVEN ADLER POR SU DEMANDA DE OCTUBRE DE 1991... TAMBIÉN RECIBIÓ EL 15% DE LOS DERECHOS ANTERIORES A SU SALIDA. ESO FUE LO POSITIVO. ¿LO NEGATIVO? STEVEN SE METIÓ UN ATRACÓN DE DROGAS QUE ACABÓ EN UNA EMBOLIA QUE LO DEJÓ PERMANENTEMENTE CON DEFICIENCIA DEL HABLA.

23 DE NOVIEMBRE DE 1993. EL ÁLBUM DE VERSIONES *THE SPAGHETTI INCIDENT?* SALIÓ EN EEUU. UNA DE LAS CANCIONES ES "LOOK AT YOUR GAME GIRL", ESCRITA POR CHARLES MANSON. SE CONSIDERA DE MUY MAL GUSTO Y CAUSA CONTROVERSIA.
EN TEORÍA AXL Y LOS CHICOS NO SABÍAN QUE ERA UNA CANCIÓN DE MANSON, PERO FUE EL RECHAZO DE ESTA CANCIÓN POR LOS SELLOS DISCOGRÁFICOS EN 1969 QUE ENCENDIÓ LA CHISPA DE SU INFAME MATANZA EN LA.
THINK YOU'RE LOVIN' BABY... AND ALL YA DO IS CRYIN'...
EN EL RESTO DE *SPAGHETTI INCIDENT* APARECÍAN GRANDES VERSIONES DE PUNK CRUDO QUE LE GUSTABA AL GRUPO... MATERIAL COMO "NEW ROSE" DE THE DAMNED, "RAW POWER" DE IGGY AND THE STOOGES, "YOU CAN'T PUT YOUR ARMS AROUND A MEMORY" DE JOHNNY THUNDERS Y OTROS TEMAS ESPECIALMENTE ELEGIDOS...
20 DE ENERO DE 1994. AXL APARECE Y PRESENTA A SU INSPIRACIÓN MUSICAL ELTON JOHN EN EL SALÓN DE LA FAMA DEL ROCK. MÁS TARDE ESA NOCHE, AXL TOCA "COME TOGETHER" CON BRUCE SPRINGSTEEN.
LA MÚSICA NOS AYUDA A SOBRELLEVAR CADA DÍA DE NUESTRAS VIDAS. PARA MÍ, NADIE ME HA AYUDADO COMO ELTON JOHN... CUANDO PIENSO EN GRANDES DUETOS, PIENSO EN ELTON JOHN Y BERNIE TAUPIN.

MAYO DE 1994 Y DUFF CASI MUERE CUANDO LE EXPLOTA EL PÁNCREAS. LA CRISIS DE SALUD LA PROVOCA EL CONSUMO INTENSIVO Y PROLONGADO DE DROGAS Y ALCOHOL. EL ALCOHOL SE CONSIDERA MENOS DAÑINO QUE LOS POLVOS, PERO PUEDE TRAER LA RUINA IGUALMENTE... SOLO QUE MÁS LENTAMENTE...
PAREZCO UN ELVIS HINCHADO. ESTUVE EN EL HOSPITAL DIEZ DÍAS. EL FINAL DE MI CARRERA COMO BEBEDOR LLEGÓ CUANDO MI PÁNCREAS ESTALLÓ, NO FUE DIVERTIDO... SUELTA LA BILIS, LO QUE TE PROVOCA QUEMADURAS DE TERCER GRADO EN EL ESTÓMAGO Y LOS INTESTINOS. NORMALMENTE TE ABREN EN CANAL Y DEJAN SALIR EL VAPOR PARA ALIVIAR EL DOLOR ANTES DE QUE MUERAS. MI PÁNCREAS ESTABA TAN HINCHADO QUE TENÍA EL TAMAÑO DE UN BALÓN DEBIDO AL ALCOHOL. ERA EL MOMENTO DE UN GRAN CAMBIO.
DEFAULT AWESOME
DUFF ESCAPÓ A SEATTLE PARA RECUPERARSE. SU COMPAÑERO EN CASA FUE KURT COBAIN. UNA PERSONA PREDESTINADA A VOLVER DESPUÉS DE IRSE DE REHABILITACIÓN. POCO DESPUÉS DE ESTO, KURT SE METIÓ UNA PISTOLA EN LA BOCA. ¿ACABÓ CON SU PROPIA MISERIA EN UN ACTO DE PERDÓN AUTOINFLIGIDO?
IBA DE MORFINA POR LO DE MI PÁNCREAS Y TAMBIÉN TOMABA OTRAS COSAS PARA CONTROLAR LA ABSTINENCIA DEL ALCOHOL. IMAGINO QUE KURT HABÍA LLEGADO MUCHO MÁS LEJOS PASÁNDOSE DE LA RAYA PREVISTA EN EL TIEMPO PREVISTO.
YO ESTABA EN MI INFIERNO, ÉL ESTABA EN EL SUYO, Y LOS DOS LO ENTENDÍAMOS. CUANDO LLEGAMOS A SEATTLE Y FUIMOS A RECOGER LAS MALETAS, PENSÉ EN INVITARLO A MI CASA. YO ESTABA EN UN GRAN GRUPO DE ROCK, ÉL ESTABA EN UN GRAN GRUPO DE ROCK... NOS ESCONDIMOS EL UNO EN EL OTRO CUANDO LA GENTE NOS MIRABA. SE ME FUE EL SANTO AL CIELO UN MINUTO, Y KURT SE ESCABULLÓ A POR UNA LIMUSINA. KURT SIGUIÓ CON EL CABALLO HASTA EL CEMENTERIO...
ESE JUNIO, A GILBY CLARKE LE DAN UN PREAVISO Y LO DESPIDEN.
ESE TIPO DE COSAS, LOS RUMORES... NUNCA PARAN. HE ESCUCHADO TANTOS INFORMES DE QUE VAN A DESPEDIRME Y, YA SABES, HE ESTADO EN EL GRUPO DOS AÑOS Y MEDIO, Y ME HAN DESPEDIDO VARIAS VECES. ¡HAN DESPEDIDO A TODO TIPO DE GENTE!
EN SERIO, HE VISTO MUCHO MÁS QUE ESO. HE VISTO A GENTE DEJÁNDOLO, A GENTE DESPEDIDA, YA SABES, LO QUE SEA... TAMPOCO ES TAN IMPORTANTE... EN EL MUNDO DE G N'R NUNCA SABES QUÉ PASARÁ... DESDE EL DÍA EN QUE ME DIERON EL TRABAJO QUE NO SABÍA SI DURARÍA UNA SEMANA O UN AÑO, ME DA IGUAL...
PERO LOS DERECHOS DEJARON DE LLEGAR, ASÍ QUE DEMANDÉ DE MALA GANA. SI VACILAS, PAGAS LAS CONSECUENCIAS. LO ARREGLAMOS FUERA DEL TRIBUNAL...

AXL DESAPARECIÓ... O POR LO MENOS ESTUVO DESAPARECIDO PARA EL PÚBLICO DURANTE CASI CUATRO AÑOS.
HUBO GRABACIONES EN EL COMPLEJO, PERO AXL APARECÍA A LAS DOS DE LA MAÑANA. ESTABA ALERTA Y DESCONECTADO... EL GRUPO SE ABURRÍA Y LO DEJABAN GRABANDO SOLO.

LOS CHICOS RECIBIERON UNA CARTA EL 31 DE AGOSTO DE 1995 DE DOUG GOLDSTEIN. YO REINVENTABA A GUNS N'ROSES... YO ERA LA MARCA Y ELLOS IBAN A SER EMPLEADOS.
DUFF Y SLASH TITUBEARON AL PRINCIPIO, PERO AL FINAL FIRMARON EL NUEVO CONTRATO. ESTABAN AGOTADOS Y DESANIMADOS. NO PARECÍA HABER ESPACIO PARA NEGOCIAR EN VERDAD.

AXL VOLVIÓ A SER NOTICIA EL 11 DE FEBRERO DE 1998. PRESUNTAMENTE ASALTÓ A UN GUARDIA EN EL AEROPUERTO DE PHOENIX.
AXL ROSE ESTABA SALIENDO DE FACTURAR SU EQUIPAJE CON SOUTHWEST AIRLINES CUANDO PRESUNTAMENTE SE RESISTIÓ AL REGISTRO DE SU MALETA POR EL PERSONAL DE SEGURIDAD DEL AEROPUERTO. "EMPEZÓ A AMENAZAR Y GRITAR OBSCENIDADES AL GUARDIA", DIJO EL SARGENTO KENT DEBNAM DEL DEPARTAMENTO DE POLICÍA DE PHOENIX, LEYENDO EL INFORME DEL INCIDENTE EN EL QUE PRESUNTAMENTE AXL CHILLÓ "TE VOY A DAR CON LAS LUCES AQUÍ Y AHORA", MIENTRAS PRESUNTAMENTE AGITABA LOS PUÑOS AL GUARDIA.
A AXL LE CAYÓ UN CARGO POR DELITO MENOR, CULPABLE DE PERTURBAR LA PAZ. LO TRASLADARON A LA CÁRCEL DEL CONDADO DE MARICOP ANTES DE FIJAR LA FIANZA.
EL IMPERIO QUE EMPEZÓ EN 1985 SE DESMORONABA... HABÍA SEÑALES DE LA CAÍDA POR TODAS PARTES.
FORMÉ MI GRUPO SLASH'S SNAKEPIT EN MEDIO DE TODO, Y TOCAMOS DURO. TAMBIÉN SALÍ AL ESCENARIO CON MICHAEL JACKSON.
Y LA CONFUSIÓN REINABA EN EL IMPERIO.
AHORA MISMO, AXL Y YO ESTAMOS DELIBERANDO SOBRE EL FUTURO DE NUESTRA RELACIÓN Y DE GUNS N'ROSES.
EL RECIÉN CORONADO REY DEL IMPERIO, AXL, DIJO QUE SLASH NO ERA PARTE DEL GRUPO GUNS N'ROSES.
AXL MANDÓ UN FAX A LA MTV DICIENDO QUE SLASH NO FORMABA PARTE DE G N'R DESDE 1995 Y QUE, A PESAR DE ESE SORPRENDENTE HECHO, HABRÍA NUEVO DISCO DE G N'R.

AXL Y SLASH QUEDARON PARA DISCUTIR SOBRE EL FUTURO DE GUNS N'ROSES EN BRENTWOOD… O SOBRE LA VISIÓN DE AXL DEL GRUPO. SLASH PENSABA QUE TODO ERA UNA LOCURA. DESPUÉS DE NO DORMIR EN VEINTICUATRO HORAS, SLASH LE DIO SU DECISIÓN FINAL…
¡LO DEJO!
¿CÓMO?
SLAM!!
--DRRRRRRRRRR
EMPEZAR DE NUEVO A LOS TREINTA ES RARO… POR NO HABLAR DE FUNCIONAR SIN ALCOHOL NI DROGAS…
ME DIJERON QUE SI ME TOMABA UNA COPA MÁS MORIRÍA AL INSTANTE. HAY QUE ACEPTAR CUANDO ESTÁS INDEFENSO… ES EL PRIMER PASO, ME DI CUENTA MÁS TARDE. ERA COMO EMPEZAR A VIVIR DE NUEVO. PERO NO SABÍA COMO VIVIR EN ABSOLUTO…
SE ME EMPEZÓ A CAER EL PELO A MECHONES, Y ME DOLÍAN LOS RIÑONES AL HACER PIS… LA PIEL DE LAS MANOS Y LOS PIES SE AGRIETABA, Y TENÍA GRANOS EN LA CARA Y EL CUELLO. TENÍA QUE LLEVAR VENDAS DEBAJO DE LOS GUANTES PARA TOCAR EL BAJO. POR SUERTE ME FUNCIONABA EL PÁNCREAS, SI NO, ME HUBIERA AHOGADO EN VÓMITOS. ME DOLIÓ TANTO QUE LE ROGUÉ AL CIRUJANO QUE ME MATARA.
DUFF VOLVIÓ A LOS ANGELES. ESTUVO CINCO SEMANAS SOBRIO. AXL QUERÍA TRAER A UN CHICO DE INDIANA LLAMADO PAUL HUGE PARA GRABAR NUEVO MATERIAL. SONABA FATAL… TODO EL MUNDO ODIABA A PAUL HUGE A LA GUITARRA.
POR ENTONCES DUFF INTENTÓ AYUDAR A SU ANTIGUO COLEGA MOTORISTA WEST ARKEEN A DEJAR LAS DROGAS… WEST NO LO CONSIGUIÓ…
IZZY YA ESTABA SOBRIO Y CREO QUE SE PREGUNTABA: ¿ESTÁ DUFF REALMENTE BIEN? ME INTERESÉ EN EL ASPECTO EMPRESARIAL DE LAS COSAS Y EMPECÉ A MIRAR EL PAPELEO DE GUNS N'ROSES… PAPEL TRAS PAPEL, SI SABES A LO QUE ME REFIERO… EL PAPEL DETRÁS DE TODOS LOS DÓLARES…

AXL ROSE COMPRA LOS DERECHOS DEL NOMBRE GUNS N'ROSES. QUEDA CLARO QUIÉN ES EL JEFE.
AXL ROSE COMPRA EL NOMBRE GUNS N'ROSES
SÍ... SOBRE LO DE COMPRAR EL NOMBRE Y LOS DERECHOS... ES ALGO QUE PASÓ. ME DEJARON DE LADO, MÁS O MENOS UN ERROR LEGAL. NO SÉ QUÉ VA A HACER RESPECTO A ESO, PERO MENTIRÍA SI DIJERA QUE NO ESTABA UN POCO MOLESTO. SERÍA OTRA COSA SI YO LO DEJARA TODO, PERO NO LO HE HECHO. ES EL HECHO DE QUE PUEDA IR ÉL Y HACERLO SIN EL CONSENTIMIENTO DE LOS OTROS MIEMBROS DEL GRUPO...
AXL Y YO NO HEMOS PODIDO LIMAR ASPEREZAS PARA REALMENTE TRABAJAR JUNTOS... HEMOS PASADO POR ESTO UN MONTÓN DE VECES. PARECE GRAN COSA PERO PARA MÍ ES MÁS O MENOS LO MISMO. NO ME HE IDO A NINGUNA PARTE... NO HE DEJADO EL GRUPO OFICIALMENTE. ES QUE NO NOS PONEMOS DE ACUERDO SOBRE EL FUTURO DE GUNS. ES MUY JODIDO...

EL 30 DE MAYO DE 1997, WEST ARKEEN FINALMENTE SUCUMBIÓ A LO INEVITABLE. DUFF NO PUDO AYUDAR AL ANTIGUO AMIGO DEL GRUPO.
WEST ME AYUDÓ CON MI DISCO EN SOLITARIO *BELIEVE IN ME*... Y LUEGO TODO SE TERMINÓ PARA ÉL...
HARD COPY ENTREVISTÓ A STEVE ADLER... ¿SE ESTABA REHABILITANDO COMPLETAMENTE STEVEN?
TENGO TREINTA Y UN AÑOS. HE TENIDO UNA EMBOLIA. HE TENIDO UN INFARTO. HE TENIDO MÁS DE TREINTA SOBREDOSIS POR LO MENOS... ESTABA TAN METIDO EN DROGAS, SEXO Y ROCK'N'ROLL QUE CASI ME PERDI...
HARD COPY
STEVE ADLER
ESCUCHAD, JÓVENES, ESTA HISTORIA... Y APRENDED...
NO CONOZCO A NADIE QUE TOMARA HEROÍNA Y COCA Y SALIERA VENCEDOR DE ELLO... LAS DROGAS BORRAN TU VISIÓN COMPLETAMENTE...

EN AGOSTO DE 1997 DUFF HABÍA TENIDO BASTANTE...
FUI A CENAR CON AXL Y LE DIJE "YA BASTA". ESTE GRUPO ES UNA DICTADURA Y NO ME VEO TOCANDO EN ESTAS CONDICIONES... BÚSCATE A ALGUIEN.

DUFF EMPEZÓ A REUNIRSE CON STEVE JONES DE LOS SEX PISTOLS, JOHN TAYLOR DE DURAN DURAN Y EL EXBATERÍA DE GUNS N'ROSES MATT SORUM PARA FORMAR EL SUPERGRUPO DE HEAVY METAL THE NEUROTIC OUTSIDERS.
QUEDÁBAMOS EN EL VIPER ROOM Y DECIDIMOS FORMAR UN SUPERGRUPO.

THE NEUROTIC OUTSIDERS TOCARON EN VARIOS CLUBS ANTES DE SACAR UN ÁLBUM HOMÓNIMO CON MAVERICK RECORDS Y HACER UNA GIRA POR EUROPA Y SUDAMÉRICA.
NOS SEPARAMOS EN 1997 PERO YO ME METÍ A FORMAR OTRO GRUPO LLAMADO LOADED, QUE TODAVÍA HOY TOCA...

AXL ESTABA A PUNTO DE REVELAR LAS NUEVAS CANCIONES... Y PUBLICARON UNA NUEVA ENTREVISTA A AXL EN LA ROLLING STONE. AXL MENCIONABA ALGUNOS TÍTULOS DE NUEVAS CANCIONES... "CATCHER IN THE RYE", "THE BLUES", "I.R.S." Y "TWAT".
SLASH PARA MÍ HA PERDIDO SU ACTITUD DE "BUCEA Y ENCUENTRA AL MONO". ERA TIEMPO DE AIRE FRESCO...
JOHN FREESE ENTRÓ AL GRUPO A LA BATERÍA. CO-ESCRIBIÓ UNA CANCIÓN LLAMADA "CHINESE DEMOCRACY"... ESE NOMBRE, O TÍTULO, SONARÍA FUERTE EN LOS OÍDOS DE GEFFEN RECORDS PRONTO...
AQUÍ ESTOY, PERO, ¿HASTA CUANDO?
EN ESTE TIEMPO, GEFFEN RECORDS PAGÓ A ROSE UN MILLÓN DE DÓLARES PARA QUE TERMINARA EL DISCO... CON UN MILLÓN EXTRA SI LO ENTREGABA ANTES DEL 1 DE MARZO DE 1999. ERA DOBLE O NADA.
RESPECTO AL LLAMADO PERFECCIONISMO, SIENTO QUE ESO TIENE QUE VER CON TUS OBJETIVOS O NECESIDADES, CON LO QUE UNO HAGA O CREE... SE NECESITAN DIFERENTES NIVELES PARA DIFERENTES OBJETIVOS. SI HACES FRENOS PARA UN VEHÍCULO, ¿QUÉ NECESITAS? TODO ES RELATIVO, ¿VERDAD? INTENTAS HACER LO MEJOR EN CADA MOMENTO Y CONTINUAR DESDE ALLÍ. GENERALMENTE CUANDO USAN ESA PALABRA RESPECTO A MÍ O CÓMO TRABAJO, SE DICE DE FORMA NEGATIVA O COMO UNA EXCUSA PARA SUS DEFECTOS... Y DE NUEVO POR MIS DETRACTORES...

SLASH ENCONTRÓ QUE SU ESTUDIO CASERO THE SNAKEPIT ERA UN SANTUARIO DE CALMA DESPUÉS DE LA LOCURA DE GUNS Y LAS GIRAS INCESANTES. LE ENSEÑÓ A AXL ALGUNOS TEMAS, PERO LOS RECHAZÓ AL PRINCIPIO... Y DESPUÉS LOS PIDIÓ.
YO QUERÍA IR DE INCÓGNITO CON MI PROPIO DISCO, PERO EL SELLO NECESITABA MI NOMBRE PARA VENDERLO...
TOCANDO FONDO... ENGULLIDO POR EL VIAJE...
HICE REHABILITACIÓN, Y ME METÍ CABALLO OTRA VEZ... CADA VEZ ERA MÁS DURO Y LA ABSTINENCIA ERA DIFÍCIL, TÍO. NO PODÍA NI COMER NI VER LA TELE NI NADA. LA REHABILITACIÓN FUE BIEN Y UNA SEMANA DESPUÉS LOS SUDORES Y LA ANSIEDAD SE DISIPARON. NO LO CONSEGUÍ ESA VEZ. TENÍA QUE RETOMAR LOS VIEJOS HÁBITOS Y JUGAR DE NUEVO... TARDÉ VARIOS INTENTOS EN CONSEGUIRLO...
ERAN TIEMPOS REVUELTOS PARA LA INDUSTRIA MUSICAL... GEFFEN FUE ABSORBIDA POR INTERSCOPE, TODO SE VOLVIÓ MÁS GRANDE Y CORPORATIVO... INCLUSO MÁS QUE ANTES. MUCHOS DIRECTIVOS DEL SELLO PERDIERON SUS TRABAJOS EN *BLACK FRIDAY*... LOS VEÍAS CAMINANDO POR SUNSET CON SUS CAJAS DE LA OFICINA.
RE-COMPRÉ MI DISCO. NO CONFIABA EN EL TÍO DE INTERSCOPE... LA INDUSTRIA MUSICAL ES UN CAMPO DE MINAS... TIENES QUE VIGILAR. PERO YO SALÍ DE ALLÍ Y TOQUÉ CON MI GRUPO SNAKEPIT.

WILD HOOOORSES, COULDN'T DRAG ME AWAAAAAYYY...
CAMBIO DE SIGLO, EL AÑO 2000, Y AXL REVELA UNOS "NUEVOS" GUNS N'ROSES. UN TÍO LLAMADO JOSH FREESE HABÍA ESTADO A LA BATERÍA, PERO LO HA REEMPLAZADO UN CHICO NUEVO LLAMADO BRAIN (BRYAN MANTIA). OTRO TÍO, ROBIN FICK DE NINE INCH NAILS ESTABA A LA GUITARRA... SUSTITUYÓ A SLASH. ADEMÁS HABÍA OTRO TÍO MISTERIOSO LLAMADO BUCKETHEAD... EN UN MINUTO HABLAMOS DE ÉL.
AXL EMPIEZA LA NUEVA DÉCADA CON UN CONCIERTO IMPROVISADO EN EL CAT CLUB DE SUNSET STRIP. AXL CANTA CON LA BANDA DEL JUEVES POR LA NOCHE, THE STARFUCKERS. SLIM JIM PHANTOM ESTABA EN EL GRUPO Y TAMBIÉN EL ANTIGUO GUITARRISTA DE G N'R, GILBY CLARKE. AXL SE SENTÓ, SOCIALIZÓ, Y SE FUE...
LA NUEVA GRABACIÓN SE IBA A LLAMAR *CHINESE DEMOCRACY*. ERA ROLLO LED ZEPPELIN MEZCLADO CON TRENT REZNOR Y UN GOLPE DE ELECTRÓNICA.
LLAMARON A MOBY PARA AYUDAR EN EL PROYECTO DE ÁLBUM EN EVOLUCIÓN, YA QUE NO HABÍAN PUBLICADO NADA DESDE *THE SPAGHETTI INCIDENT*. TAMBIÉN CONSIGUIERON A OTRO PRODUCTOR DE REINO UNIDO LLAMADO YOUTH.
PASÉ DOS DÍAS EN EL ESTUDIO CON ÉL, Y FUE MUY INTERESANTE. ME SACAN PARA IR A LOS ANGELES A SENTARME EN UN ESTUDIO CON AXL... SONARÁ RARO, PERO ME PARECIÓ UN TÍO SENSIBLE, UNA PERSONA LIGERAMENTE TURBADA. LE DESEO LO MEJOR Y ESPERO QUE EN ALGÚN MOMENTO TERMINEN EL DISCO Y QUE SEA GENIAL. NO ME SENTIRÍA CÓMODO DESCRIBIENDO LA MÚSICA EN ABSOLUTO. VA A HABER INFLUENCIA TECHNO, PERO AÚN SE RECONOCERÁ COMO G N'R... AXL NO TIENE LA INTENCIÓN DE HACER ALGO NUEVO...
PARECÍA RESERVADO Y UN POCO DESCONFIADO... PARECÍA COMO UN PERRO APALEADO.
LA GRABACIÓN IBA A SER UNA LARGA ESPERA PARA LA COMPAÑÍA DE DISCOS... UNA LARGA ESPERA PARA TODOS. PERO EL GRUPO SALIÓ E HIZO CONCIERTOS... Y LOS CONCIERTOS AÚN VENDÍAN. INTERSCOPE SUGIRIÓ UNA FECHA DE LANZAMIENTO EN 2001 PARA EL NUEVO ÁLBUM.
"SU MUNDO ESTÁ MUY AISLADO", DICE DOUG GOLDSTEIN. "NO LE GUSTA MUCHA GENTE".
AXL SE HA ABIERTO ANTES SOBRE SUS EXPERIENCIAS EN LA TERAPIA DE REGRESIÓN A OTRAS VIDAS. LAS SESIONES EMPIEZAN CON HIPNOSIS... DURANTE LA PSICOTERAPIA CLÁSICA, EL PACIENTE EN TRANCE PUEDE RECORDAR EVENTOS TRAUMÁTICOS REPRIMIDOS QUE PUEDEN SER LA BASE DE LOS ACTUALES PROBLEMAS PSICOLÓGICOS...
UN PACIENTE PUEDE LLEGAR A RECORDAR INCLUSO MÁS ALLÁ, UNA VIDA QUE VIVIÓ AÑOS O MILES DE AÑOS ANTES. LOS PACIENTES TAMBIÉN PUEDEN HABLAR CON LA VOZ O IDIOMA DE MUERTOS DE HACE TIEMPO. AXL, SEGÚN UN CONFIDENTE, CREE QUE ÉL Y STEPHANIE SEYMOUR ESTUVIERON JUNTOS EN QUINCE O DIECISÉIS VIDAS PASADAS...
LA GENTE DICE QUE ES UN ÁLBUM EN SOLITARIO, PERO NO ES MI INTENCIÓN. HAY RUMORES DE QUE ES UN DISCO TECHNO... PERO ES LO QUE SIEMPRE HAN SIDO GUNS N'ROSES... VARIADO.

AXL EN EL ESCENARIO EN LA PRIMERA FECHA DE GUNS N'ROSES EN SIETE AÑOS. ALGO LE LLAMA LA ATENCIÓN... ALGO QUE LO OFENDE INMEDIATAMENTE...
KFC
IT'S SOOOOO EASY...
¡EH! ¿QUIÉN ES ESE TÍO EN EL PÚBLICO? ¿¿QUÉ COJONES??
AXL HABÍA LOCALIZADO A UN DESAFORTUNADO ASISTENTE CON UNA CAMISETA DE SLASH. ¿LO PUEDES CREER?
PAVEY
¿ME ESTÁ ESCUCHANDO SEÑOR GUARDIA? SAQUE A ESE TÍO DE AQUÍ... SÍ, ¡ESE TÍO!
EL FAN ES FORZADO A SALIR DEL CONCIERTO Y DE LA CAMISETA DE SLASH.
DAME ESA CAMISETA. GRACIAS...

EL GRUPO VOLVIÓ A RIO DE JANEIRO, BRASIL, Y TRES HORAS DESPUÉS DE QUE LOS GOO GOO DOLLS TERMINARAN SU CONCIERTO, SALIÓ AXL...
80
BUENOS DÍAS... ME ACABO DE LEVANTAR. HE ESTADO OCHO AÑOS DURMIENDO... YA SÉ QUE QUERÉIS AL ANTIGUO GRUPO. ALGUNAS DE LAS PERSONAS A LAS QUE CONOCÉIS Y AMÁIS NO HAN PODIDO ESTAR CON NOSOTROS HOY. A PESAR DE LO QUE SE HA DICHO, LA GENTE HA TRABAJADO MUY DURO... ME REFIERO A MIS ANTIGUOS AMIGOS... HAN HECHO LO QUE HAN PODIDO PARA QUE YO NO ESTÉ AQUÍ HOY. ¡QUE LES JODAN!
PARECÍA QUE EL FANTASMA DEL PERSISTENTE CARISMA DE SLASH IRRITABA A AXL CONTINUAMENTE. NO PODÍA NI DEJARLO SEGUIR NI DEJARLO IR.
SLASH Y MCKAGAN DAÑARON MI HABILITAD COMO COMPOSITOR... PARA ELLOS, TODO ERA LA MIERDA DE GANARME TODO EL RATO DURANTE LA GIRA USE YOUR ILLUSION. SLASH Y DUFF DIJERON "ERES UN IDIOTA, UN FRACASADO". NO ESCRIBÍ EN CUATRO AÑOS. ME SENTÍ FRUSTRADO DURANTE MUCHO TIEMPO...
ACABAMOS DELANTE DE 100.000 PERSONAS... SALIMOS BIEN. AL FINAL TODO ERAN HUMO Y ESPEJOS... FUNCIONÁBAMOS A BASE ESPEJISMOS, TIO. ME DIERON EL CONTRATO PARA UNIRME A SU NUEVO GRUPO. TARDÉ VEINTICUATRO HORAS EN DECIDIRME. CREO QUE ESTE ES EL FINAL. HE TERMINADO.
31 DE DICIEMBRE DE 2001. GUNS N'ROSES TOCAN EN EL JOINT, LAS VEGAS, NEVADA... Y EL AÑO TERMINA CON UNA NOTA ANTIPÁTICA DE SLASH.
SE DIJO QUE SLASH QUERÍA ENTRAR A CAMERINOS...
NO SABÍAMOS CUÁLES ERAN SUS INTENCIONES. CUANTO MENOS, HABRÍA SIDO UNA DISTRACCIÓN. AXL SE PUSO MUY NERVIOSO EN ESOS CONCIERTOS. DECIDIMOS NO ARRIESGARNOS.

BUCKETHEAD (BRIAN CARROLL) VINO Y SUBSTITUYÓ A ROBIN FINCK, QUE HABÍA SUBSTITUIDO A SLASH. EL SEÑOR BUCKET ERA UN INDIVIDUO MISTERIOSO METIDO EN UN CUBO DE POLLO DEL KFC Y CON UNA MÁSCARA, DE AHÍ SU APODO.
EMITIDO EN *CHINESE DEMOCRACY*... EL TRIÁNGULO DE LAS BERMUDAS... LÁGRIMAS ELÉCTRICAS... ¿UN TELAR DE EMBUDO?
MÁS DEBACLES EN CUANTO EMPEZÓ LA NUEVA GIRA... G N'R TOCARON EN EL LEEDS FESTIVAL EN INGLATERRA EL 23 DE AGOSTO DE 2002. EL CONCIERTO EMPIEZA A LAS 23:10, UNA HORA MÁS TARDE DE LO PREVISTO POR UN RETRASO DEBIDO A PROBLEMAS TÉCNICOS. PARECE QUE EL AYUNTAMIENTO QUIERE INTERFERIR, PERO GUNS N'ROSES PUDIERON TERMINAR SU CONCIERTO.
BUENO, PARECE QUE VAMOS A TENER UNA NOCHE INTERESANTE. EL AYUNTAMIENTO Y LOS PROMOTORES DICEN QUE TENEMOS QUE, BUENO, TERMINAR EL CONCIERTO. Y PODRÍAN DECIR QUE ESTOY INCITANDO A UNA REVUELTA. AHORA NO, PORQUE NO QUIERO QUE ARRESTEN A NADIE, PERO CREO QUE VAMOS A TOCAR UNAS BUENAS SIETE U OCHO CANCIONES ANTES DE TERMINAR POR LO MENOS... NO VINE A LA MALDITA INGLATERRA PARA QUE UNOS GILIPOLLAS ME DIGAN QUE ME VUELVA A MI PUTA CASA. LOS ÚLTIMOS OCHO AÑOS HAN SIDO MIERDA TRAS MIERDA TRAS MIERDA EN LA PUTA PRENSA, Y AXL ESTO Y AXL LO OTRO. ESTOY AQUÍ PARA HACER UN PUTO CONCIERTO Y ¡QUEREMOS TOCAR! ASÍ QUE SI OS QUERÉIS QUEDAR, YO ME QUIERO QUEDAR Y YA VEREMOS QUÉ PASA... QUE NADIE INTENTE METERSE EN PROBLEMAS NI NADA. VAMOS A PASARLO BIEN...
ROUND ONE...
LA GENTE SE PREGUNTA QUÉ PASA CON LA VOZ DE AXL EN LOS MTV MUSIC VIDEO AWARDS DEL 29 DE AGOSTO DE 2002.
SONABA RARO... SIN ALIENTO Y INCLUSO DESAFINADO...
LA REVISTA CLASSIC ROCK LO LLAMÓ "EL MEJOR GRUPO TRIBUTO A G N'R DEL MUNDO".

EL AÑO TERMINÓ CON EL PÚBLICO DEMOSTRANDO SU PROPIA DEMOCRACIA.
DE DICIEMBRE DE 2002. G N'R TENÍAN QUE TOCAR EN EL FIRST UNION CENTER DE PHILADELPHIA, PERO EL CONCIERTO SE CANCELÓ Y TODO SE PUSO FEO. MIX MASTER MIKE TERMINÓ SU ACTUACIÓN A LAS 21:50 H... CUARENTA MINUTOS DESPUÉS, 14.000 PERSONAS ESTABAN ABUCHEANDO. A LAS 23 H, LA GENTE EMPEZÓ A LANZAR SILLAS Y SE ANUNCIÓ BREVEMENTE QUE EL CONCIERTO HABÍA SIDO POSPUESTO POR RAZONES MÉDICAS.
LOS FANS ENFADADOS LANZARON BOTELLAS, SILLAS, Y ARRANCARON AZULEJOS DEL TECHO... PATEARON TODO EL MATERIAL DEL ESCENARIO. POR LO MENOS QUINCE PERSONAS FUERON HERIDAS Y TUVO QUE VENIR MÁS POLICÍA PARA CONTROLAR A LA MULTITUD FURIOSA.
CORRÍA EL RUMOR DE QUE AXL NO HABÍA LLEGADO... ENTONCES NOS DIMOS CUENTA QUE EL FIRST UNION CENTER HABÍA DEJADO DE VENDER CERVEZA... ALGO RARO JUSTO ANTES DEL CONCIERTO PRINCIPAL. ASÍ LLEGARON LAS 22:30 Y NI RASTRO DEL GRUPO Y LA GENTE EMPEZÓ A VER LO QUE IBA A PASAR. ENTRE LAS CANCIONES QUE SONABAN LA GENTE ABUCHEABA CADA VEZ MÁS FUERTE Y EMPEZARON LOS GRITOS DE "GILIPOLLAS". EN ESE MOMENTO YA SE SABÍA QUE GUNS NO IBAN A TOCAR... CUANDO LA GENTE VIO QUE LOS TÉCNICOS TAPABAN EL MATERIAL, SE DESATÓ LA IRA... EMPEZARON A ARRANCAR LOS ASIENTOS Y A LANZARLOS AL SUELO, TIRARON LAS BEBIDAS Y LA COMIDA A LOS GUARDIAS DEL ESCENARIO. EMPEZÓ UNA PELEA, LAS SILLAS DOBLADAS ERAN RAMPAS DE LANZAMIENTO... FINALMENTE SE HIZO EL ANUNCIO A LAS 23:15 DE QUE SE HABÍA CANCELADO EL CONCIERTO "POR MOTIVOS DE SALUD" Y QUE LAS ENTRADAS SERÍAN VÁLIDAS CUANDO SE HICIERA EL CONCIERTO...
ESO ENCENDIÓ A LA GENTE... NO ERA UN BUEN PANORAMA. SIN EMBARGO, BASTANTE GENTE SE FUE Y FUERA PARECÍA TODO MUY TRANQUILO EN COMPARACIÓN. HABÍA MUCHA PRESENCIA POLICIAL, PERO AFORTUNADAMENTE NO INSTIGARON NADA CON LOS FANS ENFADADOS. QUIÉN SABE QUÉ PASÓ, PERO AUNQUE ESTOY EN SHOCK, NO ME SORPRENDE. CREO QUE LOS FANS DE PHILADELPHIA LO MANEJARON BASTANTE BIEN TENIENDO EN CUENTA LAS CIRCUNSTANCIAS Y EL HISTORIAL DE REVUELTAS.
...AL PRESENTE NINGUNA DISCIPLINA PARECE SER CAUSA DE GOZO, SINO DOLOROSA; PERO DESPUÉS DA FRUTO APACIBLE DE JUSTICIA A LOS QUE EN ELLA HAN SIDO EJERCITADOS... HEBREOS 12:11
TOCARON NUEVAS CANCIONES DE LAS GRABACIONES EN EL ESCENARIO... UNA SE LLAMABA "MADAGASCAR".
TENGO UN SUEÑO... TODOS LOS HIJOS DE DIOS, NEGROS Y BLANCOS, JUDÍOS Y CRISTIANOS, PROTESTANTES Y CATÓLICOS, PUEDAN UNIR SUS MANOS Y CANTAR LAS PALABRAS EL ANTIGUO ESPIRITUAL NEGRO, LIBRES AL FIN, LIBRES AL FIN. GRACIAS A DIOS OMNIPOTENTE, SOMOS LIBRES AL FIN...

LOS NO-CONCIERTOS CONTINUARON... GENERAL MOTOROS PLACE ARENA EN VANCOUVER Y LA PRIMERA NOCHE DE LA GIRA... DIEZ MIL ENFADADOS E IMPACIENTES ASISTENTES ESPERABAN AL GRUPO. AXL NI SIQUIERA ESTABA EN EL PAÍS PARA EL CONCIERTO...
LA DIRECCIÓN MANDÓ UN AVISO LEGAL DICIENDO QUE EL CONCIERTO SE CANCELÓ CUANDO AXL Y EL GRUPO AÚN ESTABAN EN EL VUELO Y RETRASADOS POSTERIORMENTE EN EL AEROPUERTO, ETCÉTERA. LA REVUELTA RESULTANTE CAUSÓ DAÑOS POR VALOR DE VARIOS MILES DE DÓLARES AL RECINTO, Y LA POLICÍA TUVO QUE USAR ESPRAY DE PIMIENTA Y PERROS PARA CALMAR AL PÚBLICO.

EL CONCIERTO DE VANCOUVER PASÓ A SER UN TEMA FUERA DE LOS LÍMITES, Y AXL INCLUSO QUERÍA UNA COPIA PRE-APROBADA DE TODAS LAS ENTREVISTAS. EL IMPERIO OPRIMÍA Y APRETABA SUS LEYES.
SE ANIMABA A LOS PERIODISTAS A HABLAR DEL PRÓXIMO ÁLBUM, *CHINESE DEMOCRACY.*
80

STEVE ADLER IBA GANANDO TERRENO CON SU NUEVO GRUPO SUKI JONES... QUE CON EL TIEMPO MUTÓ A ADLER'S APPETITE. FORMÓ EL GRUPO EN 2003 EN LA CON KERI KELLY DE SNAKEPIT. IBAN A TOCAR GRANDES VERSIONES DE TEMAS DEL DISCO *APPETITE FOR DESTRUCTION*.
Support Local Music
MI TEMA CON EL ABUSO DE DROGAS CONTINUÓ... A VECES TOMABA DROGAS POR VALOR DE MÁS DE 3000 $ EN UNA NOCHE. NO SOPORTABA ESTAR DESPIERTO CUANDO SALÍA EL SOL. SABÍA QUE NO TENÍA NADA QUE HACER... NO ME SONÓ EL TELÉFONO DURANTE AÑOS, EXCEPTO POR EL CAMELLO QUE ME DEVOLVÍA LAS LLAMADAS...
ESTO ES LA GIRA ADLER'S APPETITE. HAGO LO MISMO QUE HACÍA AXL, EXCEPTO QUE ES MÁS DIVERTIDO. LES DOY A LOS FANS UN MIEMBRO ORIGINAL Y TOCAMOS TODAS LAS CANCIONES QUE LA GENTE QUIERE. RECIENTEMENTE HE REAVIVADO MI AMISTAD CON SLASH... ME ALEGRA MUCHO TENERLO COMO AMIGO DE NUEVO. LO ECHABA MUCHO DE MENOS...
SLASH TAMBIÉN ESTABA OCUPADO... MOSTRÓ A SU NUEVO GRUPO VELVET REVOLVER EL 19 DE JUNIO DE 2003 EN UN CONCIERTO EN EL TEATRO EL REY EN LOS ANGELES. EL CONCIERTO, SOLO POR INVITACIÓN, IBA PRECEDIDO POR UNA SESIÓN DE PREGUNTAS Y RESPUESTAS CON LOS MEDIOS. EL REPERTORIO INCLUÍA "BODIES" DE LOS SEX PISTOLS, "SET ME FREE, SEX TYPE THING" DE LOS STONE TEMPLE PILOTS, "IT'S SO EASY" DE GUNS N'ROSES, "SLITHER" Y "NEGATIVE CREEP" DE NIRVANA.
CLARAMENTE ESTABA PASANDO POR UN BACHE ESPIRITUAL Y EMOCIONAL. ME HABÍA DADO UNA HOSTIA DEMASIADO FUERTE Y ESTABA MUY DEPRIMIDO... UNA DEPRESIÓN SUICIDA. ME SEPARÉ DE MI MUJER, ME DISTANCIÉ COMPLETAMENTE DE TODOS MIS AMIGOS Y ESTABA ABSOLUTAMENTE AISLADO, VIVIENDO SOLO EN MI CASA DE LA. LA ÚNICA PERSONA A LA QUE VEÍA ERA A MI CAMELLO... ENTONCES, CUANDO SALIÓ LA OPORTUNIDAD DE VELVET REVOLVER, ME OBLIGUÉ A ESTAR CON GENTE POSITIVA. ME CAMBIÓ LA PERSPECTIVA, AUNQUE A VECES SEGUÍA ALLÍ...
PARECE QUE SCOTT AÚN "ESTABA ALLÍ". EL 27 DE OCTUBRE, WEILAND FUE ARRESTADO EN BURBANK CON CARGOS POR CONDUCCIÓN BAJO LA INFLUENCIA DEL ALCOHOL Y LAS DROGAS Y UNA FALTA POR HUIR DESPUÉS DE UN ACCIDENTE DE TRÁFICO OCURRIDO EN HOLLYWOOD. LE ORDENARON IR A UN PROGRAMA DE REHABILITACIÓN INTENSIVO SEGUIDO DE SEIS MESES EN UN CENTRO RESIDENCIAL PARA REHABILITADOS.
EL ARRESTO FUE LA CUARTA VEZ QUE PILLARON A WEILAND CON CARGOS POR DROGAS. YA LO HABÍAN COGIDO EN CALIFORNIA EN 1995 Y 1997, Y EN NUEVA YORK EN 1998. EN 1999 PASÓ UNA TEMPORADA EN LA CÁRCEL CUANDO UN JUEZ DICTÓ QUE EL CANTANTE HABÍA VIOLADO LOS TÉRMINOS DE SU LIBERTAD CONDICIONAL CON SU SOBREDOSIS DE HEROÍNA. EN 2001 LO ARRESTARON EN LAS VEGAS CON UN CARGO POR VIOLENCIA DOMÉSTICA, QUE IMPLICABA A SU MUJER.
ESTABAN ENCIMA DE MÍ... TOTALMENTE, DESINTERESADAMENTE, ESOS TÍOS ESTABAN AHÍ POR MÍ. NINGUNO DE ESOS IMBÉCILES ME APUÑALÓ POR LA ESPALDA. NO HUBO NINGÚN "TÚ, HIJO DE PUTA, ¿POR QUÉ HACES ESTAS COSAS?", ESTOY RODEADO DE UN GRUPO DE TÍOS QUE SON TODOS UNOS MALDITOS YONKIS, ¿SABES?
ESE AGOSTO VELVET REVOLVER FIRMARON CON RCA RECORDS Y SU NOTA DE PRENSA REZABA: ESTAMOS ENCANTADOS DE ASOCIARNOS CON RCA RECORDS Y SU LEGENDARIO JEFE CLIVE DAVIS... ESTE MATRIMONIO SERÁ LEAL Y FRUCTÍFERO, NO BASADO ÚNICAMENTE EN NEGOCIOS SINO EN AQUELLO QUE UNA VEZ NOS RETÓ A SOÑAR: LA MÚSICA.
HAN HECHO TODO LO QUE HE HECHO HASTA EL EXTREMO, ASÍ QUE NO HAY JUICIO AQUÍ. MI ÚLTIMO CHUTE FUE LA MAÑANA DESPUÉS DE SALIR DE LA CÁRCEL, PARA PONERME BIEN. FUI AL MÉDICO A PILLAR MEDICAMENTOS, Y DUFF Y DAVE ME MANDARON A SEATTLE... FUIMOS A LAS MONTAÑAS...
¿PARA QUIÉN SERÁ EL AY? ¿PARA QUIÉN EL DOLOR? ¿PARA QUIÉN LAS RENCILLAS? ¿PARA QUIÉN LAS QUEJAS? ¿PARA QUIÉN LAS HERIDAS EN BALDE? ¿PARA QUIÉN LA ROJEZ EN LOS OJOS? PROVERBIOS 23:29

Start
Stop
El problemático líder de STONE TEMPLE PILOTS, SCOTT WEILAND ha sido puesto en libertad con una fianza de 10.000$ (GBP 6.600) después de ser arrestado por posesión de drogas. El nuevo cantante del grupo ramal de GUNS N'ROSES, THE PROJECT, fue detenido por la policía después de medianoche el domingo (18 de mayo de 2003) en un control rutinario. Burbank, California, el sargento TRACY SÁNCHEZ explica, "iba conduciendo sin las luces encendidas". Después de esto los oficiales presuntamente observaron que el cantante de SEX TYPE THING, Weiland, tenía narcóticos en el vehículo y lo arrestaron - aunque no se menciona el tipo de droga encontrada. Fue puesto en libertad sobre las 5:30 más tarde esa mañana.
19/05/2003 17:20
EN AGOSTO, SCOTT WEILAND ES SENTENCIADO A TRES AÑOS DE LIBERTAD CONDICIONAL, CON SESIONES DE TERAPIA OBLIGATORIAS Y REHABILITACIÓN. EL CANTANTE PARECE RESPONDER BIEN AL APOYO FRATERNAL DEL GRUPO Y ESTÁ HACIENDO TODO LO QUE ESTÁ EN SU MANO...
UN JUEZ DE LOS ANGELES RETIRÓ LOS CARGOS POR POSESIÓN DE HEROÍNA Y COCAÍNA EL 12 DE JULIO DESPUÉS DE QUE WEILAND TERMINARA UN PROGRAMA DE REHABILITACIÓN. WEILAND TAMBIÉN TERMINA LA LIBERTAD CONDICIONAL UN AÑO ANTES. EL CANTANTE DE TREINTA Y SIETE AÑOS NO SE ENFRENTA A NINGÚN OTRO CARGO POR DROGAS EN CALIFORNIA, SEGÚN DIJO EL PORTAVOZ.
DELITO POR DROGAS PRESENTADO EN 2003 CONTRA EL LÍDER VELVET REVOLVER, SCOTT WEILAND, HA SIDO DESESTIMADO DESPUÉS DE LA REHABILITACIÓN DEL CANTANTE.
MAS AL FIN COMO SERPIENTE MORDERÁ, Y COMO VÍBORA DARÁ DOLOR.
PROVERBIOS 23:32
DUFF MCKAGAN NO TENÍA EL MÁS MÍNIMO INTERÉS EN VOLVER A LA ESCENA DEL ROCK'N'ROLL. ESTABA RECIÉN CASADO Y SE HABÍA INSTALADO FELIZMENTE EN SU CIUDAD NATAL, SEATTLE. DUFF ESTABA EN SU TERCER AÑO DE UNIVERSIDAD EN LA SEATTLE UNIVERSITY CUANDO SLASH Y SORUM LO INVITARON A TOCAR.
ESTABA SACÁNDOME UN TÍTULO DE NEGOCIOS, CON MENCIÓN EN CONTABILIDAD. IBA EN SERIO. AÚN TENÍA MI GRUPO, LOADED, PORQUE NO PUEDO PARAR DE TOCAR, ¿SABES? EN LAS VACACIONES DE PRIMAVERA O INVIERNO ÍBAMOS A TOCAR POR EUROPA O ASÍ. PERO REALMENTE ME METÍ EN LO DE LA UNI Y EN EL TEMA QUE ESTABA ESTUDIANDO, Y ESTO LO CAMBIÓ TODO...
CONVENCÍ A LA SEATTLE UNIVERSITY PARA QUE ME DEJARAN TERMINAR EL TÍTULO POR INTERNET, Y EN LO QUE TARDAS EN DECIR AXL ROSE...
... ME HABÍA MUDADO A HOLLYWOOD Y EMPEZADO A ESCRIBIR TEMAS CON SLASH, SORUM, NELSON Y TODD. EN DE MESES, LOS CHICOS DE BUCKCHERRY HABÍAN DESAPARECIDO Y EL GRUPO VELVET REVOLVER HABÍA TOMADO FORMA.

15 DE MARZO DE 2004: SE LANZA GREATEST HITS EN EUROPA. EL ÁLBUM LLEGA AL NÚMERO UNO EN NUEVE PAÍSES EUROPEOS.
23 DE MARZO DE 2004: SE LANZA GREATEST HITS EN EEUU Y EL ÁLBUM ENTRA EN LA LISTA BILLBOARD EN EL NÚMERO TRES.
GEFFEN RECORDS LE HACE SABER A AXL LO SIGUIENTE… QUE "HABIENDO EXCEDIDO TODOS LOS PRESUPUESTOS Y COSTES DE GRABACIÓN APROBADOS EN MILLONES DE DÓLARES", ERA AHORA "LA OBLIGACIÓN DEL SEÑOR ROSE Y NO DE GEFFEN FINANCIAR Y TERMINAR EL ÁLBUM".
GREATEST HITS
GUNS N ROSES
COMO SIEMPRE, NO PUEDES GUSTAR A TODO EL MUNDO… POR LO MENOS NO A LA GENTE DE ESTA ENREVESADA EPOPEYA.
AXL ROSE INMEDIATAMENTE INTENTÓ BLOQUEAR EL LANZAMIENTO DE GREATEST HITS DEMANDANDO A GEFFEN, DICIENDO QUE ARRUINARÍA SU CONCENTRACIÓN EN CHINESE DEMOCRACY Y QUE ARRIESGABA A DEJAR EL NUEVO DISCO DESAPERCIBIDO.
LOS ANTIGUOS COMPAÑEROS DE GRUPO, SLASH Y DUFF MCKAGAN, AYUDARON A AXL ROSE A PRESENTAR LA DEMANDA CONTRA GEFFEN, AUNQUE NO SE HABLABAN EN PERSONA. LA DEMANDA FUE ARCHIVADA Y EL ÁLBUM SALIÓ A LA VENTA.
LOS FANS CRITICARON EL LISTADO DE CANCIONES, YA QUE FALTABAN ALGUNOS DE LOS TEMAS MÁS POPULARES Y HABÍA DEMASIADAS VERSIONES.
EL SIGUIENTE ROCK IN RIO SE ACERCABA RÁPIDAMENTE, PERO OTRO MIEMBRO IMPORTANTE LO DEJÓ. GUNS N'ROSES ERAN CABEZAS DE CARTEL EN UN FESTIVAL EN LISBOA, PORTUGAL, EL 30 DE MAYO. NO ESTÁ CLARO SI EL GRUPO VA A TENER UN NUEVO GUITARRISTA ENTONCES…
EL GUITARRISTA BUCKETHEAD HABÍA TENIDO BASTANTE. ESTUVO EN G N'R CUATRO AÑOS, DURANTE LOS CUALES EL GRUPO CANCELÓ MÁS CONCIERTOS DE LOS QUE TOCÓ Y NO SACÓ NADA DE MATERIAL NUEVO.

12 DE OCTUBRE DE 2004. G N'R EMITE UNA NOTA DE PRENSA ACERCA DE LOS RUMORES DE CONTRATACIÓN DE UN NUEVO GUITARRISTA PARA SUBSTITUIR A BUCKETHEAD.
"HA HABIDO NUMEROSOS INFORMES LAS ÚLTIMAS SEMANAS CON VARIAS FUENTES DICIENDO QUE UNA PERSONA U OTRA HA SIDO INVITADA A UNIRSE A GUNS N'ROSES. PARA QUE CONSTE, NADIE - REPETIMOS, NADIE - HA SIDO INVITADO A UNIRSE AL GRUPO. NORMALMENTE NO RESPONDERÍAMOS A LOS RUMORES PERO ESTÁ MAL PERMITIR A ALGUNOS PUBLICISTAS QUE ENGAÑEN A LOS MEDIOS Y A LOS FANS DE GUNS N'ROSES. OS HAREMOS SABER CUANDO HAYA NOTICIAS CREÍBLES SOBRE EL TEMA".
?
SE PUBLICA UNA NOTA DE PRENSA. ¿HABLABA DE BUCKETHEAD O DE ALGUIEN MÁS CERCANO A CASA?
"DURANTE SU PERMANENCIA EN EL GRUPO, BUCKETHEAD HA SIDO INCOHERENTE Y ERRÁTICO TANTO EN SU COMPORTAMIENTO COMO EN SU COMPROMISO... A PESAR DE ESTAR CON CONTRATO, GENERÓ INCERTIDUMBRE Y CONFUSIÓN E HIZO PRÁCTICAMENTE IMPOSIBLE CONTINUAR CON LAS GRABACIONES, ENSAYOS Y PLANES EN DIRECTO CON CONFIANZA. SU EFÍMERO ESTILO DE VIDA HA HECHO CASI IMPOSIBLE INCLUSO PARA SUS AMIGOS MÁS CERCANOS QUE HAYA ALGUNA FORMA DE COMUNICACIÓN CON ÉL.
KFC
FUNERAL
EL 29 DE ABRIL DE 2004 LA DEMANDA QUE DUFF Y SLASH HABÍAN PUESTO A AXL, AFIRMANDO QUE LES ESTAFARON AL MENOS UN MILLÓN DE DÓLARES, FUE ARCHIVADA POR EL TRIBUNAL SUPERIOR DE LOS ANGELES.
LOS ANGELES COUNTY
SUPERIOR COURT

CHINESE DEMOCRACY DE AXL HA ESTADO YA EN EL HORIZONTE MÁS DE DIEZ AÑOS CON UN COSTE OFICIAL DE 13 MILLONES DE DÓLARES. LOS RUMORES DE SU LANZAMIENTO LE MERECEN EL TÍTULO DE SUSURROS CHINOS.
¡EH! EL ÁLBUM VA A SALIR EN CINCO MESES... CREO QUE UNO DE SUS TEMAS VA A SALIR EN LA NUEVA PELI EL CÓDIGO DA VINCI.
PILLARON A AXL EN LA FIESTA DE LANZAMIENTO DE LA ÚLTIMA GIRA DE KORN Y SE LE ESCAPARON ALGUNOS DETALLES DEL DISCO.
ESTAMOS TRABAJANDO EN TREINTA Y DOS TEMAS.... YA HAY HECHOS TREINTA Y SEIS. TRECE VAN A SALIR EN CHINESE DEMOCRACY... EL RESTO SE USARÁN PARA DOS SECUELAS. MIS CANCIONES FAVORITAS SON "BETTER", "THE BLUES" Y "THERE WAS A TIME"...
TORONTO MAPLE LEAFS
MIENTRAS EL JUICIO CONTINUABA... EN LA TORRE TRUMP DE NUEVA YORK AXL TOCA ALGUNOS ANTICIPOS DEL ÁLBUM.
Y SE PLANEA OTRA GIRA COMPLETA EUROPEA.
TRUMP INTERNATIONAL HOTEL AND TOWER

NECESITABAN UNA NUEVA POTENCIA EN GUITARRA PARA SUPLIR A BUCKETHEAD... ASÍ QUE AXL CONTRATÓ A RON "BUMBLEFOOT" THAL.
EMPECÉ A HABLAR CON LOS CHICOS DE G N'R EN VERANO DEL 2004, PERO NO EMPEZAMOS A HACER ALGO HASTA QUE EMPEZÓ LA GIRA EN MAYO DEL 2006. AXL Y YO QUEDAMOS EN DIRECTO PARA ENSAYAR LA CANCIÓN "RIAD N' THE BEDOUINS" EN NUEVA YORK EN ABRIL DEL 2006, UNOS DÍAS ANTES DE QUE EMPEZARA LA GIRA. ENSAYÉ SIETE VECES CON EL GRUPO Y NOS PUSIMOS EN MARCHA... POR CIERTO, MI APODO ES POR UNA INFECCIÓN BACTERIANA... INGENIOSO, ¿VERDAD?
AHORA G N'R TENÍA TRES GUITARRAS... ¿TAN DIFÍCIL ERA SUBSTITUIR A SLASH? CON BUMBLEFOOT, ROBIN FINCK Y RICHARD FORTUS, AXL NO SE LA JUGABA AL FRENTE DEL GRUPO EN DIRECTO.
AXL TENÍA CUARENTA Y CUATRO AÑOS... CARGANDO PESO A LA ESPALDA... PERO LA GENTE AÚN DISFRUTABA DEL GRUPO CON GRAN ENTUSIASMO.
HARD TO HOLD A CANDLE IN THE COLD NOVEMBER RAIN...
LA FORMACIÓN CLÁSICA ESTABA ARANDO SUS PROPIOS SURCOS... EN EL CASO DE STEVEN, SU FRENTE ESTABA LLENA DE SURCOS... LA ANSIEDAD DE TODAS LAS ADICCIONES EN CURSO.
IBA A VOLVER A LAS VEGAS Y COMPRARME UNA CASA... QUERÍA ESTAR CERCA DE MI MADRE. AÚN BAILABA CON EL DIABLO... EVITABA ESTAR CERCA DE LA HEROÍNA, PERO LA COCAÍNA CRACK ERA UNA AMANTE RIGUROSA...
ERA UN CADÁVER ANDANTE, TÍO... BAJÉ HASTA LOS CINCUENTA Y DOS KILOS. SLASH Y MI HERMANO JAMIE, QUE HABÍA ESTADO EN ALCOHÓLICOS ANÓNIMOS, VINIERON HACERME UNA INTERVENCIÓN. TÍO, ME ENFADÉ, PERO INTENTABAN SALVARME EL CULO...

FUE UN CONCIERTO FANTÁSTICO. LOS FANS SUECOS ERAN INCREÍBLES... YO SOLO QUERÍA LO QUE HABÍA PEDIDO ANTES... LO QUE HABÍA PEDIDO EN LA FIESTA... JACK DANIELS A UNA TEMPERATURA DE ENTRE 10 Y 15 GRADOS.
AXL ROSE FUE TOMADO EN CUSTODIA POR LA POLICÍA SUECA LA MAÑANA DEL MARTES 27 DE JUNIO DESPUÉS DE METERSE EN UNA PELEA CON EL GUARDIA DEL HOTEL.
EL OFICIAL TOVE HÄGG DIJO QUE LA ESTRELLA DEL ROCK ESTABA EN SU CELDA AÚN BORRACHO A LAS 11 DE LA MAÑANA DEL MARTES. DIJO QUE LE ACUSAN DE DAÑOS MATERIALES, ATAQUE A UN GUARDIA DE SEGURIDAD Y AMENAZA A LA POLICÍA EN EL COCHE PATRULLA DE CAMINO A COMISARÍA.
AXL SE UNIÓ AL GRUPO DESPUÉS DE UN CONCIERTO EN EL CAFÉ ÓPERA A LAS 2:20 DE LA MADRUGADA. AXL FUE RODEADO INMEDIATAMENTE POR MULTITUD DE RUBIAS CON VESTIDOS DE PIEL Y FAMOSAS SUECAS, INCLUYENDO MIEMBROS DE ACE OF BASE Y THE POODLES.
EL GRUPO HABÍA PEDIDO PREVIAMENTE QUEDAR CON RUBIAS SUECAS EN LA FIESTA... UNA PETICIÓN QUE SE HABÍA FILTRADO A LOS MEDIOS LOCALES.
LA FIESTA CONTINUÓ HASTA ALTAS HORAS DE LA MADRUGADA EN EL BERNS HOTEL DONDE SE ALOJABA EL GRUPO... Y ENTONCES ALGO FUE MAL. A LAS 7:52 AXL ROSE FUE ARRESTADO Y LLEVADO A COMISARÍA EN NORRMALM, ESTOCOLMO. EL DIRECTOR DEL HOTEL, JOAKIM OLAUSON, CONFIRMÓ A AFTONBLADET QUE LA ESTRELLA DEL ROCK SE VIO ENVUELTA EN UNA PELEA EN EL HOTEL. "PUEDO CONFIRMAR QUE HA HABIDO UN INCIDENTE CON AXL ROSE INVOLUCRADO. DEBIDO A QUE HAY UNA INVESTIGACIÓN EN CURSO, OS REMITO A LA POLICÍA".
FREDRIK NYLEN, UNO DE LOS POLICÍAS DEL ARRESTO, DIJO A AFTONBLADET QUE AXL ROSE FUE MUY AGRESIVO Y ESTABA FUERA DE CONTROL CUANDO LLEGARON ALLÍ... TANTO QUE LA POLICÍA TUVO QUE ENMANILLARLO PARA PODER CONTROLARLO.
SEGÚN UN TESTIGO, AXL ROSE EMPEZÓ A PELEAR CON UNA MUJER. EL PERSONAL DEL HOTEL INTENTÓ INTERVENIR Y AHÍ FUE CUANDO AXL ATACÓ.
UN GUARDIA DE TREINTA AÑOS, QUE TERMINÓ LA PELEA ENTRE LA MUJER Y ROSE, FUE MORDIDO EN LA PIERNA Y LLEVADO AL HOSPITAL PARA UNA REVISIÓN EL MARTES POR LA MAÑANA. "LO LLEVARON AL HOSPITAL ESA MAÑANA PARA VER SI HABÍA ALGÚN RIESGO DE CONTRAER TÉTANUS", DIJO ANTONIO SALUENA, EL JEFE DE LA COMPAÑÍA PRIVADA DE SEGURIDAD DEL GUARDIA HERIDO.
SEGÚN FREDRIK NYLEN, LAS ACCIONES DE AXL DURANTE EL ARRESTO RESULTARON EN CARGOS ADICIONALES CONTRA ÉL. "TAMBIÉN ES SOSPECHOSO DE AMENAZAR A UN OFICIAL DE LA LEY", DIJO. "AMENAZAR A UN POLICÍA ES PUNIBLE CON LA CÁRCEL, PERO EN ESTE CASO PROBABLEMENTE VA A ACABAR EN MULTA".
ROSE FUE LIBERADO DE LA CÁRCEL MÁS TARDE EL MARTES, DESPUÉS DE CONFESAR LOS CARGOS Y ACORDAR PAGAR UNA MULTA DE 5.500 $. LA POLICÍA TAMBIÉN LE ORDENÓ PAGAR 1.300 $ POR DAÑOS AL GUARDIA A QUIEN MORDIÓ EN LA PIERNA.
MI ASISTENTE BETA Y YO ESTÁBAMOS HABLANDO EN RECEPCIÓN CUANDO UN GUARDIA EMPEZÓ A METERSE... YO SOLO QUERÍA QUE ELLA ESTUVIERA BIEN.

A STEVE ADLER LE COSTABA MANTENERSE LIMPIO Y SOBRIO.
SÍ, TUVE UNA EMBOLIA POR LA COCAÍNA. ME LA ESTABA JUGANDO. PENSARÁS QUE ES FÁCIL MATARTE, PERO DÉJAME DECIRTE QUE NO ES TAN FÁCIL... PERO, ¿SABES QUÉ? NADA ES TAN GUAY Y ATRACTIVO COMO UN GRAN REGRESO, Y ESO HARÉ YO... ES EN LO QUE ESTOY TRABAJANDO... ¡ESTOY LISTO!
A VECES NECESITAS DARLE VARIAS VUELTAS A LA ADICCIÓN... PERO ÉL VOLVERÁ A LAS ANDADAS DE NUEVO... YA QUE NO ES FELIZ CON SU SOBRIEDAD.
ADLER'S APPETITE
SED SOBRIOS Y VELAD. PORQUE VUESTRO ADVERSARIO EL DIABLO, COMO LEÓN RUGIENTE, ANDA ALREDEDOR BUSCANDO A QUIEN DEVORAR. PEDRO 5:8
EL DIABLO HABÍA ESTADO TRABAJANDO HORAS EXTRA A DESTAJO... LA DISCORDIA CONTINÚA... Y NUNCA MUESTRA SEÑALES DE CEJAR EN SU EMPEÑO.
EN UNA ENTREVISTA DE RADIO EN MAYO EN LA INDIE 1031 FM, EL SHOW DE CAMP FREDDY, SLASH CONTÓ SU PARTE DE LA HISTORIA...
SÍ, SEGÚN SE DICE HICE UNA VISITA NOCTURNA A LA CASA DE AXL... SUS GESTORES MANDARON UNA HISTORIA A LOS MEDIOS DICIENDO QUE YO HABÍA IDO ALLÍ. ESTA HISTORIA DESCARADAMENTE INVENTADA DE QUE HABÍA IDO A SU CASA Y HABÍA DICHO TODO ESO SOBRE MIS COMPAÑEROS DE GRUPO... CREO QUE TODO ESTO SE HIZO PARA PROMOCIONAR EL NUEVO DISCO Y LA NUEVA GIRA DE GUNS. NO HE HABLADO CON EL TÍO DESDE 1996, HAN PASADO ONCE AÑOS.

EL 6 DE MARZO EL LÍDER DE GUNS N'ROSES, AXL ROSE, LANZA UN COMUNICADO A LOS MEDIOS EN RELACIÓN A LA DEMANDA QUE PRESENTÓ DÍAS ANTES CONTRA SLASH... EN LA CARTA, ROSE ATACABA AL GUITARRISTA Y A SUS COMPAÑEROS EN VELVET REVOLVER: LOS ANTIGUOS MIEMBROS DE G N'R, DUFF MCKAGAN Y MATT SORUM Y EL ANTIGUO CANTANTE DE STONE TEMPLE PILOTS, SCOTT WEILAND.
SCOTT WEILAND NO ESTABA DE HUMOR PARA CALLARSE... ¡SE PUSO FURIOSO!
EN LAS DECLARACIÓN, EMITIDA A TRAVÉS DE SU EQUIPO DE GESTIÓN, SACTUARY GROUP, AXL ROSE AFIRMABA QUE SLASH LE DIJO "DUFF ES DÉBIL, WEILAND UN FRAUDE" Y QUE ÉL "ODIA A MATT SORUM". ROSE ADVERTÍA A SLASH Y A DUFF POR HACER "DECLARACIONES NEGATIVAS Y MALICIOSAS SOBRE ÉL EN LA PRENSA PARA OBTENER PUBLICIDAD" COMO PARTE DE "UN INTENTO VENGATIVO DE AGRANDAR SU PRESTIGIO Y REESCRIBIR LA HISTORIA A TRAVÉS DE FALSAS DECLARACIONES...".
EL VIERNES ESCRIBÍ EN LA WEB DE VELVET REVOLVER Y ESTO ES LO QUE DIJE... ENTRA AL RING... VÉTE AL GIMNASIO, HIJO DE PUTA, O, SI LO PREFIERES, CÓMPRATE UNA NUEVA PELUCA, HIJO DE PUTA... CREO QUE PASO DE REBAJARME A TU NIVEL. MIERDA, AQUÍ VIENE, ¡GILIPOLLAS GORDO, LLENO DE BÓTOX Y CON PELUCAS! ¡JODER! VALE, ME SIENTO MEJOR AHORA... NO PIENSES NI POR UN SEGUNDO QUE NO SABEMOS DE DÓNDE VIENE TODO ESTO. TU PEQUEÑA MENTE NADA ORIGINAL NI CREATIVA, LA MISMA MENTE QUE TUVO QUE CONFIAR EN SUS COMPAÑEROS DE GRUPO PARA ESCRIBIR MELODÍAS Y LETRAS. ¿QUIÉN ES EL FRAUDE AHORA, SUBNORMAL? JODER, NO PUEDO NI IMAGINAR A GENTE ESCRIBIENDO POR MÍ. ¿CUÁNTOS ÁLBUMES HAS PUBLICADO, TÍO? Y, ¿CUÁNTO HA TARDADO A LA ACTUAL DISPOSICIÓN DEL LLAMADO "GRUPO" EN HACER ESTE DISCO? ¿CUÁNTO? Y SIN LOS TÍOS QUE DIERON NOMBRE AL GRUPO, ¿CÓMO TE ATREVES? ¡QUÉ VERGÜENZA! ¿CÓMO TE ATREVES A LLAMAR A NUESTRO BAJISTA "DÉBIL"? HICIMOS UNA GIRA DE UN AÑO Y MEDIO. ¿CUÁNTOS CONCIERTOS HAS HECHO LOS ÚLTIMOS DIEZ AÑOS? OH, YA VEO, TE ECHASTE ATRÁS EN TU ANSIADA GIRA DE RETORNO, DEJANDO A LOS FANS QUE QUEDAN, CÓMO DIRÍA.... ¿UN POQUITO OFENDIDOS? NI SIQUIERA VOY A MENCIONAR TODO LO QUE HE CONSEGUIDO PORQUE NO LO NECESITO... AQUÍ ESTAMOS HABLANDO DE UN PEQUEÑO HOMBRE ASUSTADO QUE EN SU DÍA PENSÓ QUE ERA EL REY, PERO POR DESGRACIA UN REY SIN SU CORTE NO ES NADA SINO UN RECUERDO DEL GILIPOLLAS QUE ERA.

AXL Y LOS GUNS N'ROSES SE ESTABAN PREPARANDO PARA EL GRAN DÍA, AL FIN. DESPUÉS DE AÑOS DE RUMORES, CONTRARRUMORES E INTRIGA INFINITA... EL 22 DE OCTUBRE DE 2008 EL TEMA QUE DABA NOMBRE AL ÁLBUM Y EL PRIMER SINGLE, "CHINESE DEMOCRACY" SALE EN LA RADIO DE TODO EL MUNDO A LAS 6, HORA DEL ESTE. MÁS TARDE, ESE MISMO DÍA, SE ANUNCIÓ LA FECHA DE LANZAMIENTO DEL DISCO... EL MUY ESPERADO GIGANTE LLEGA A LAS ESTANTERÍAS DE LAS TIENDAS DE AMÉRICA.
EL ÁLBUM PRESENTA *CINCO* GUITARRISTAS Y LA RUMOREADA APARICIÓN DE BRIAN MAY...
GRABADO EN CATORCE ESTUDIOS...
CON LOS ANTES MENCIONADOS MOBY Y YOUTH COMO PRODUCTORES. FINALMENTE EL ÁLBUM FUE RE-GRABADO POR ROY THOMAS BAKER, EL SUPERPRODUCTOR DE JOURNEY, THE CARS, QUEEN Y OTROS... TAMBIÉN ACREDITAN LA PRODUCCIÓN CARAM COSTANZO Y AXL ROSE.
DESPUÉS DE CASI QUINCE AÑOS EN PROCESO, *CHINESE DEMOCRACY* SALE A LA VENTA... A PESAR DEL AUTÉNTICO FUROR SOBRE SU REALIZACIÓN, EL ÁLBUM NO LOGRÓ IMPACTAR SUBSTANCIALMENTE EN LAS LISTAS DE VENTAS. LLEGÓ AL NÚMERO DOS EN REINO UNIDO Y NÚMERO TRES EN EEUU... EL PRIMER SINGLE SOLO LLEGÓ AL NÚMERO VEINTISIETE...
EN LA CRÍTICA DE LA CLASSIC ROCK DE REINO UNIDO SOBRE *CHINESE DEMOCRACY*, JOHN HOTTEN CONCLUYÓ: "ESTE DISCO ES EL SONIDO DE NADIE DICIÉNDOLE NO A AXL ROSE DURANTE CATORCE AÑOS... NUNCA GUSTARÁ COMO *APPETITE FOR DESTRUCTION*, PERO EN ALGUNAS DÉCADAS LA GENTE AÚN SE REUNIRÁ PARA ADMIRAR SU APARIENCIA BARROCA, CON LA SEGURIDAD DE QUE NO VERÁN ALGO ASÍ A MENUDO... SI LO VEN".
JON PARELES, CRÍTICO DEL *THE NEW YORK TIMES*, OPINÓ: "CHINESE DEMOCRACY ES UN ÁLBUM GRANDIOSO, RECARGADO, PRETENCIOSO, SUPERFLUO Y OCASIONALMENTE TIENE ALGUNAS DE LAS MEJORES CANCIONES QUE ROSE HA GRABADO HASTA LA FECHA..."

EL 11 Y EL 17 DE ABRIL DE 2012, AXL ESCRIBE UNA CARTA AL SALÓN DE LA FAMA DEL ROCK AND ROLL... Y DESPUÉS CONTINUA CON UNA CARTA A ALGUNOS FANS DE G N'R EN OHIO QUE ESTUVIERON DE ACUERDO CON SU DECISIÓN.

PARA: SALÓN DE LA FAMA DEL ROCK AND ROLL, LOS FANS DE GUNS N'ROSES Y A QUIÉN LE CORRESPONDA,

CUANDO SE ANUNCIARON POR PRIMERA VEZ LAS NOMINACIONES AL SALÓN DE LA FAMA DEL ROCK AND ROLL TUVE SENTIMIENTOS ENCONTRADOS, PERO, EN UN ESFUERZO POR SER POSITIVO Y QUERIENDO HACER EL MÁXIMO POSIBLE PARA NUESTROS FANS Y SU ENTUSIASMO, ME SENTÍA HONRADO, EMOCIONADO Y ESPERANZADO DE QUE FUERA ALGO BUENO. CLARO QUE ME DI CUENTA DE QUE SI ERA ASÍ, SI GUNS N'ROSES IBAN A SER ADMITIDOS, SERÍA UNA SITUACIÓN COMPLICADA O RARA. DESDE ENTONCES HEMOS ESCUCHADO A LOS FANS, HABLADO CON MIEMBROS DE LA JUNTA DEL SALÓN DE LA FAMA, COMUNICADO Y LEÍDO VARIOS COMENTARIOS PÚBICOS Y CRÍTICAS DE ANTIGUOS MIEMBROS DE GUNS N'ROSES, HEMOS DISCUTIDO CON EL PRESIDENTE DEL SALÓN DE LA FAMA, LEÍDO PRENSA VARIADA (ALGUNA DE FIAR, ALGUNA FORZADA) Y LEÍDO LOS COMENTARIOS DE OTROS ARTISTAS VALORANDO PÚBLICAMENTE A GUNS EN EL SALÓN CON SUS PENSAMIENTOS. BAJO ESAS CIRCUNSTANCIAS CREO QUE HEMOS SIDO EDUCADOS, AMABLES Y ABIERTOS A UNA SITUACIÓN AMIGABLE EN UN ESFUERZO PARA CONCRETAR ALGO. TENIENDO EN CUENTA LA HISTORIA DE GUNS N'ROSES, QUIENES PIENSAN IR CON LOS QUE EL SALÓN, POR SUS PROPIAS RAZONES, HA DECIDIDO INCLUIR EN "NUESTRA" ADMISIÓN (QUE, PARA QUE CONSTE, SON DECISIONES CON LAS QUE NI ESTOY DE ACUERDO, NI APOYO NI SIENTO QUE EL SALÓN TENGA EL DERECHO DE TOMAR), Y COMO (AUNQUE NO SEA TAREA FÁCIL) ESOS INVOLUCRADOS CON EL SALÓN HAN TRATADO LAS COSAS... SIN QUERER OFENDER A NADIE, PERO LA CEREMONIA DE ADMISIÓN AL SALÓN DE LA FAMA ME PARECE UN SITIO EN EL QUE NO ME QUIEREN O NO SOY RESPETADO. PARA QUE CONSTE, NO ENVIDIO A NADIE DE GUNS POR SUS LOGROS O RECONOCIMIENTO. TAMPOCO YO NI NADIE EN MI CAMPO HA HECHO NINGUNA PETICIÓN O EXIGENCIA AL SALÓN DE LA FAMA. ES SU ESPECTÁCULO, NO EL MÍO.
DICHO ESTO, NO VOY A IR A LA CEREMONIA DE ADMISIÓN AL SALÓN DE LA FAMA DE 2012 Y RESPETUOSAMENTE DECLINO MI ADMISIÓN COMO MIEMBRO DE GUNS N'ROSES EN EL SALÓN DE LA FAMA DEL ROCK AND ROLL. PIDO EXPRESAMENTE NO SER ADMITIDO EN AUSENCIA Y QUE SEPAN QUE NADIE ESTÁ AUTORIZADO NI PODRÁ ESTARLO A ACEPTAR NINGUNA ADMISIÓN POR MÍ O HABLAR EN MI NOMBRE. NI LOS ANTIGUOS MIEMBROS, NI REPRESENTANTES DE LA DISCOGRÁFICA NI EL SALÓN DE LA FAMA DEL ROCK AND ROLL DEBERÍA SUPONER DIRECTA, INDIRECTAMENTE O POR OMISIÓN QUE YO ESTOY INCLUIDO EN CUALQUIER PRESUNTA ADMISIÓN DE "GUNS N'ROSES".
ESTA DECISIÓN ES PERSONAL. ESTA CARTA ES PARA AYUDAR A ACLARAR LAS COSAS DESDE MI PUNTO DE VISTA Y EL DE MI ENTORNO. NI PRETENDE OFENDER, NI ATACAR NI CONDENAR. AUNQUE POR DESGRACIA ESTOY SEGURO QUE HABRÁ AQUELLOS QUE SE OFENDAN (DIOS SABRÁ POR CUÁNTO TIEMPO TENDRÉ QUE AGUANTAR LAS CONSECUENCIAS), CIERTAMENTE NO PRETENDO DECEPCIONAR A NADIE, ESPECIALMENTE A LOS FANS, CON ESTA DECISIÓN.
DESDE EL ANUNCIO DE LA NOMINACIÓN HEMOS BUSCADO ACTIVAMENTE UNA SOLUCIÓN EN LO QUE, CONSIDERÁNDOLO TODO, PARECE QUE NO HAY VICTORIA POSIBLE, POR LO MENOS PARA MÍ, EL PANORAMA ES QUE "CONDENADO SI LO HAGO, CONDENADO SI NO".

EN LO QUE RESPECTA A UNA REUNIÓN DE CUALQUIER TIPO CON LA FORMACIÓN DE APPETITE O ILLUSION, YA LO HE DEJADO BASTANTE CLARO PÚBLICAMENTE. NO HA CAMBIADO NADA. LA ÚNICA RAZÓN ES QUE AHORA, BAJO ESTAS CIRCUNSTANCIAS, EN MI OPINIÓN YA SEA BAJO LA GUISA DE "PARA LOS FANS" O CUALQUIER JUSTIFICACIÓN DEL MOMENTO, PARA QUE CUALQUIERA CONTINÚE PIDIENDO, SUGIRIENDO O EXIGIENDO UNA REUNIÓN ES UN INTENTO FALLIDOS DE DISTRAERNOS DE NUESTROS ESFUERZOS CON LA FORMACIÓN ACTUAL DE YO MISMO, DIZZY REED, TOMMY STINSON, FRANK FERRER, RICHARD FORTUS, CHRIS PITMAN, RON "BUMBLEFOOT" THAL Y DJ ASHBA. IZZY VINO CON NOSOTROS ALGUNAS VECES EN 2006 Y LO INVITÉ A TOCAR CON NOSOTROS EN EL CONCIERTO EN EL LA FORUM DEL AÑO PASADO. STEVE ESTUVO EN NUESTRO CONCIERTO EN EL HARD ROCK DE LAS VEGAS MÁS TARDE EN 2006, DÓNDE TAMBIÉN LO INVITÉ A NUESTRA FIESTA POSTERIOR Y FUE RECOMPENSADO CON POSTERIORES ENTREVISTAS LLENAS DE MENTIRAS DE UN REENCUENTRO. LECCIÓN APRENDIDA. DUFF SE UNIÓ A NOSOTROS EN 2010 Y DE NUEVO EN 2011 CON SU GRUPO, LOADED, TELONEÁNDONOS EN SEATTLE Y VANCOUVER. PARA MÍ, CON LA EXCEPCIÓN DE IZZY Y DUFF QUE PODRÍAN TOCAR CON NOSOTROS EN EL FUTURO UNA CANCIÓN O DOS, ES SUFICIENTE. HAY UNA APARENTE INFINITA CANTIDAD DE REVISIONISMO Y FANTASÍAS AHÍ FUERA PARA LA AUTOPROMOCIÓN Y OPORTUNIDADES DE NEGOCIO ENMASCARANDO LA REALIDAD. HASTA QUE CADA UNA DE LAS COSAS QUE SE GENERAN DE O CON LA ANTIGUA FORMACIÓN SALGAN A LA LUZ, NO HABRÁ ESPACIO PARA CONSIDERAR UNA CONVERSACIÓN NI MUCHO MENOS UNA REUNIÓN. QUIZÁ SI FUERAS TÚ SERÍA DIFERENTE. QUIZÁ TÚ LO HARÍAS POR ESTA O ESA RAZÓN. PAZ. ME ENCANTA NUESTRO GRUPO AHORA. ESTAMOS AHÍ LOS UNOS PARA LOS OTROS CUANDO NOS NECESITAMOS. QUEREMOS A NUESTROS FANS Y QUEREMOS TRABAJAR PARA DARLES CADA PIZCA DE ENERGÍA Y ALMA QUE PODAMOS. ASÍ QUE NO AVIVEMOS EL FUEGO. ES HORA DE SEGUIR ADELANTE. LA GENTE SE DIVORCIA. LA VIDA NO TE DEBE TU PROPIO FINAL FELIZ, ESPECIALMENTE SI ES A EXPENSAS DE OTRO O, EN ESTE CASO, DE OTROS. PERO EH, SI QUERÉIS PODEMOS HACER LA MIERDA DE "NO HAY CONCIERTO, SOLO UN TRUCO PUBLICITARIO IRRESPETUOSO, A ÉL NO LE IMPORTAN LOS FANS" TAN RÁPIDO COMO PODAMOS Y LISTO. NADIE ESTÁ COGIENDO EL TESTIGO Y CORRIENDO CON ÉL. NO LO MALINTERPRETÉIS. DURANTE MÁS DE UNA DÉCADA Y MEDIA HEMOS SOPORTADO EL DOBLE RASERO, LA AVARICIA DE LA INDUSTRIA, Y EL SIEMPRE PRESENTE APARENTEMENTE INTERMINABLE SUMINISTRO DE ASPIRANTES Y TIPOS SIN ESCRÚPULOS E IRRESPONSABLES DE LOS MEDIOS. NO PARA DAR A ENTENDER NADA EN ESTAS CIRCUNSTANCIAS PARTICULARES, PERO DESDE MI PUNTO DE VISTA EN RELACIÓN AL SALÓN DE LA FAMA Y A UNA REAGRUPACIÓN, LA PELOTA NUNCA HA ESTADO EN NUESTRO TEJADO.
PARA TERMINAR, INDEPENDIENTEMENTE DE ESTA DECISIÓN, POR MUY DIFÍCIL QUE PAREZCA O INCLUSO IRÓNICO, ME GUSTARÍA SINCERAMENTE AGRADECER A LA JUNTA POR SU NOMINACIÓN Y SUS VOTOS PARA LA ADMISIÓN DE GUNS. Y, AÚN MÁS IMPORTANTE, ME GUSTARÍA AGRADECER A LOS FANS EL ESTAR ALLÍ DURANTE TODOS ESTOS AÑOS, HACIENDO POSIBLE NUESTRO ÉXITO, DISFRUTANDO Y APOYANDO LA MÚSICA DE GUNS N'ROSES. ESPERO QUE EL SALÓN TENGA UN GRAN ESPECTÁCULO, FELICIDADES A TODOS LOS OTROS ARTISTAS QUE HAN SIDO ADMITIDOS Y A NUESTROS FANS, ¡ESPERAMOS VEROS PRONTO DE GIRA!

ATENTAMENTE,

AXL ROSE

PD: RIP ARMAND, LARGA VIDA ABC III

EL 14 DE ABRIL DE 2012, EN CLEVELAND, OHIO, Y FRENTE A 6.000 FANS... EL CONCIERTO CONTINUÓ SIN AXL, Y CON MYLES KENNEDY HACIENDO LA VOZ PRINCIPAL. IZZY HABÍA RECHAZADO ESTAR ALLÍ, PERO MÁS DISCRETAMENTE...
BILLIE JOE ARMSTRONG DE GREEN DAY RECORDÓ LA PRIMERA VEZ QUE VIO AL GRUPO EN LA MTV: "PENSÉ, UNO DE ESTOS TÍOS PODRÍA ACABAR MUERTO O EN LA CÁRCEL... ES EL MEJOR ÁLBUM DEBUT EN LA HISTORIA DEL ROCK'N'ROLL. CADA CANCIÓN PEGA FUERTE... TE LLEVA DE VIAJE AL MUNDO DE LOS ANTROS DE LOS ÁNGELES... LO QUE LOS SEPARÓ DE TODOS LOS DEMÁS FUERON LAS AGALLAS... NUNCA PERDIERON SU CARÁCTER, NI POR UN SEGUNDO".
VAMOS A VER, ¿QUIÉN FALTA?
AQUÍ ESTÁ EL HOMBRE QUE FALTA... EL HOMBRE ALREDEDOR DEL CUAL OCURRIERON TODOS LOS CAMBIOS. AXL HIZO SU PRIMERA APARICIÓN EN LA TELE EN AÑOS... EL 24 DE OCTUBRE DEL 2012 EN EL JIMMY KIMMEL SHOW. AXL DICE QUE TIENE UNA PLACA EN SU CASA QUE DICE "LA PUNTUALIDAD ES LA LADRONA DEL TIEMPO"... PERO AXL LLEGÓ AL PROGRAMA A TIEMPO Y PARECÍA COMPORTARSE BIEN.
¿LA PUNTUALIDAD ES LA LADRONA DEL TIEMPO?
ES UNA CITA DE OSCAR WILDE
¿CUÁNDO CONTINUARÉIS, CHICOS?
SUPONGO QUE CUANDO CONSIDEREMOS... TAN PRONTO CUANDO SEPAMOS QUÉ ES ESO.
PERLA HUDSON, LA MUJER DEL EXGUITARRISTA SLASH, HABLÓ PARA *US WEEKLY*, CUANDO ENTRÓ EN LA RETRANSMISIÓN DEL 24 DE OCTUBRE...
ESPERABA ALGO ESCLARECEDOR, Y SOLO FUE UNA PROMOCIÓN PARA UN CONCIERTO... Y SU EVIDENTE AFINIDAD POR LAS HAMBURGUESAS CON CHILE. ¿DÓNDE ESTÁ EL AMOR, AXL? ¿ME QUEDÉ DESPIERTA POR ESTO? SEXO, DROGAS Y PERRITOS CON CHILE... LARGA VIDA A AXL ROSE... Y UN ÁRBOL DE HALLOWEEN...
HA TENIDO A UN SLASH, A UN BUCKETHEAD, A UN BUMBLEFOOT Y EVIDENTEMENTE DEMASIADAS HAMBURGUESAS CON CHILE... ESPERO QUE QUEDEN ALGUNAS PARA EL PÚBLICO...

MIRANDO AL FUTURO...
PIENSO EN ELLO COMO EL HOGAR...
CUANDO NO TENGO SUFICIENTE COMO PARA IR POR EL MUNDO...
ME GUSTARÍA QUE ME DEJARAN SOLO...

¿DEMASIADO LISTO PARA TU PROPIO BIEN? ¿QUIÉN PUEDE CONOCER EL ALMA DE UN HOMBRE?
¿FUE TODO UN TEST DE RORSCHACH RELIGIOSO? ¿ES DIOS UN REPRESENTANTE POCO FIABLE? ¿UN FALSO MANOS FUERA MANOS ABAJO AL QUE ME VENDÍ DE JOVEN? ¿LO SABREMOS ALGUNA VEZ? NO CREO...
PERDÓNALES ESA LÁGRIMA POR MI ALMA.
LLEGO TARDE A TODO... SIEMPRE HE QUERIDO TENERLO ESCRITO EN MI TESTAMENTO Y QUE CUANDO MUERA, EL ATAÚD LLEGUE MEDIA HORA TARDE Y DIGA EN EL LATERAL, CON LETRAS DORADAS, "LO SIENTO, LLEGO TARDE".

# Galería de Guns N' Roses

En ese momento me encantaba esta portada, pero el jefazo tenía razón, hay demasiado como para que funcione como portada.

# Galeria de Guns N' Roses

Ya que no podíamos usar el logo oficial de Guns N'Roses, decidí hacer el mío propio. Pensé que al usar armas de verdad (o pistolas) parecería derivado del original, así que le metí armas.

# Galería de Guns N' Roses

Esto lo hice para saber cómo sería el grupo si lo dibujaba. Una vez hecho, continué con el mismo estilo en el libro. ¡Duff está increíble! En verdad, ¡es increíble!

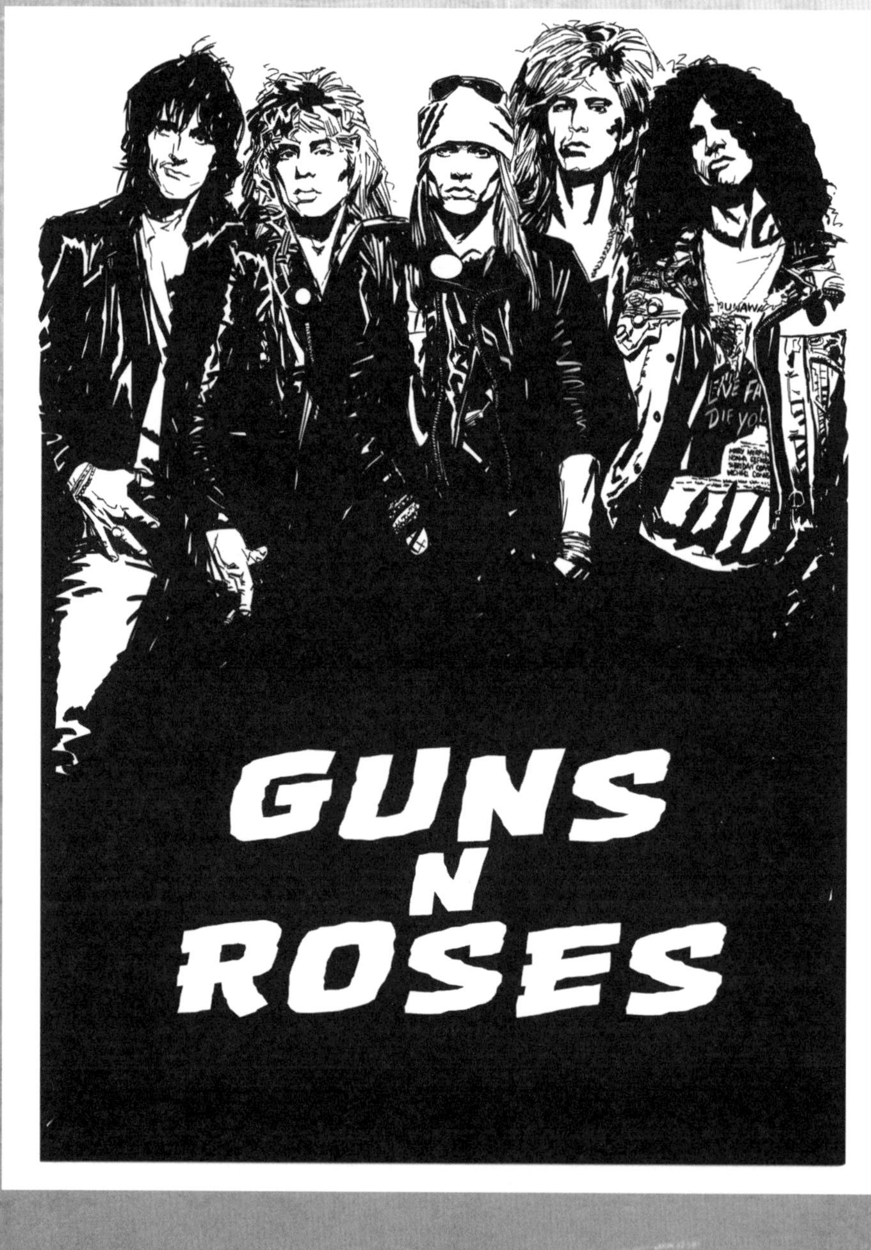

# Galeria de Guns N' Roses

Esto era para comprobar cómo quedaría en realidad una página de cómic. Queríamos tomar contacto para ver cómo encajaría todo (o no) y ver qué pasaría cuando dibujara a los chicos en narrativa secuencial. Salió bien, creo, y me hizo confiar en que podía conseguirlo.

# Jim McCarthy

La carrera profesional de Jim McCarthy en el mundo editorial empezó con 2000AD y su trabajo en *Bad Company, Bix Barton, The Grudgefather*, *Kyd Cyborg* y *Judge Dredd.*

También se ha sumergido en los tipos de música y cultura americana, resultando en *Voices of Latin Rock,* que fue publicado por Hai Leonard. Es el primer libro que examinó a Santana, la cultura del rock latino y el Mission District, el área donde emergió esta incipiente forma de arte político y musical.

*Voices of Latin Rock* llevó a una serie de conciertos en San Francisco que promovían la concienciación sobre el autismo en los que aparecieron Carlos Santana, Booker T, Los Lobos, Sly Stone, George Clinton, El Chicano, Malo, Taj Mahal y The Doobie Brothers, entre otros.

Jim también participa produciendo acertadas novelas gráficas contemporáneas, relacionadas con temas musicales. La más reciente ha sido *Ramones* publicada por esta misma editorial. Otras biografías gráficas han tratado The Sex Pistols, Kurt Cobain, Michael Jackon, Tupac Shakur, Eminem y Bob Marley.

*"Puedes hacer lo que quieras dentro de una novela gráfica. Puedes ser muy cinematográfico y mostrar las cosas de una forma que no podrías en una biografía tradicional, y quizá ni siquiera en una película. Puedes abordarlo desde diferentes ángulos, diferentes tiempos, diferentes puntos de vista. Puedes usar símbolos visuales para hacer un montón de comentarios en un único panel. Cuando se trata de documentales televisivos, parece que siempre siguen el mismo camino. Yo intento enfocar cada uno de una forma distinta."*

Jim McCarthy

# Marc Olivent

Marc Olivent es un ilustrador autónomo residente en Lincoln. Está especializado en la ilustración de libros de cómic, una pasión que desarrolló de joven leyendo (y releyendo, y releyendo...) los cómics de Marvel creados por Stan Lee en los setenta y los ochenta. Desde joven, Marc supo exactamente hacia dónde quería llegar (aunque tardó un poco más en hacerlo de lo que había previsto).

Nunca dejó de leer cómics y estudió técnicas de narrativa visual empleadas por los maestros del oficio. Tiene muchas influencias, pero su estilo es solo suyo (¡sea eso bueno o malo!).

Su anterior trabajo incluye la tira de Dark Horse Presents "Sundown Crossroads", "Rick Fury" y "Zezi" para Rok Comics, y *Dark Satanic Mills* para Walker Books, donde trabajó con el legendario ilustrador de cómics John Higgins (*Watchmen, Judge Dredd*). *Dark Satanic Mills* fue nominado al premio Kate Greenaway de ilustración de 2015.

*Guns N' Roses es su primer libro para Omnibus Press con el escritor y alumno de 2000AD Jim McCarthy.*

# La Novela Gráfica del Rock

En la misma colección:

Las magníficas ilustraciones de Brian Williamson y el brillante guion de Jim McCarthy capturan toda la esencia y todos los sinsabores de la banda de trash metal más exitosa

La historia completa de Ramones contada al estilo gráfico de Jim McCarthy y Brian Williamson. Desde sus comienzos en Queens y su irrupción en el escenario del mítico club CBGB hasta su disolución.